新编
警察徒手防卫与控制

XINBIAN JINGCHA TUSHOU FANGWEI YU KONGZHI

余志健　易丽萍 主编

江西科学技术出版社

图书在版编目(CIP)数据

新编警察徒手防卫与控制 / 余志健, 易丽萍主编.
— 南昌 : 江西科学技术出版社, 2015.9 （2023.7重印）
ISBN 978-7-5390-5406-3
Ⅰ. ①新… Ⅱ. ①余… ②易…
Ⅲ. ①警察 - 技击（体育） - 基本知识②警察 - 擒拿方法（体育） - 基本知识
Ⅳ. ①G852.4
中国版本图书馆CIP数据核字(2015)第218974号

国际互联网(Internet)地址： http：//www.jxkjcbs.com
选题序号： ZK2015188
图书代码： B15084-111

新编警察徒手防卫与控制

余志健 易丽萍 / 主编

出版发行 / 江西科学技术出版社
社址 / 南昌市蓼洲街2号附1号
邮编 / 330009 **电话** / 0791-86623491
经销 / 各地新华书店
印刷 / 江西千叶彩印有限公司
开本 / 787mm × 1092mm 1/16
印张 / 14.5
版次 / 2015年12月第1版 2023年7月第11次印刷
字数 / 350千字
书号 / ISBN 978-7-5390-5406-3
定价 / 39.00元
赣版权登字-03-2015-173

《新编警察徒手防卫与控制》编委会

主　　编：余志健　易丽萍

副 主 编：周忠伟　徐伟俊　余陆维

参编人员：（按姓氏拼音字母排序）

艾小刚　陈定元　陈前进　陈宜卿

黄晓华　李　涛　刘　珊　闵文委

童　佳　谈江萍　吴健人　徐凯华

徐　猛　袁志良　钟城宗　周诗强

周伟波　朱蕴洁

前　言

我们一直认为，不是所有警察都具备“特异功能”。警察不是超人，警察也是普通人。我们不可能要求每一个警察都是搏击冠军，也不能要求每一个警察在所有对抗能力上都必须超越普通人。但是，徒手防卫与控制作为警察执法必备的专业技能，必须经过系统化、专业化训练，警察才能很好掌握这门技能。

随着我国社会经济的迅猛发展，社会治安形势变得日益严峻，公安民警的执法环境也发生较大变化。公安民警在打击和制止犯罪活动、处置违法案件的执法行为中，既要有力控制相关嫌疑人，又要充分体现人性执法和合法执法。警察在执法行动中很大可能要与犯罪嫌疑人进行身体接触，这就要求公安、司法民警必须掌握徒手防卫与控制技能，并且坚持不懈地训练提高。警察在训练和使用徒手防卫与控制技能时，要适应当前社会治安形势，充分结合区域民情、案件特点、对象特情、地理气候特性，不断增强工作实效。

本教材立足防卫与控制的传统战法，拓展实战应用战法；立足防卫与控制的单一技术，详解技术要点与关键，重点解决训练的难点与易犯错误；立足防卫与控制的单个技术，根据执法需要，应对施技的武力等级，将单个技术有机地联系，并随着案情发展，合法、人性、有效地控制；立足防卫与控制的协同技术，重点解决训练内容与实战脱节的问题，突出警组或警队的协同控制技术，提供情景模拟对抗方案及演练措施（省级教改课题《“情景教学法”在<警察防卫与控制>教学中的研究》的初步成果）。力争给警察实战技能教学训练提供更多有益的理论指导和实践借鉴，指导公安、司法民警规范化施技，指导基层警队训练和民警执法。

本教材是由江西警察学院与江西司法警察职业学院两校教师

合作编写。在编写过程中，编写人员进行大量的公安、司法实践活动调研，注重理论联系实际，将徒手防卫与控制技能与民警在执法战斗中的实际需要紧密结合，突出合理性、对抗性、实用性和可操作性。教材中设计了不同的条件、对象等情景模拟，使徒手防卫与控制技能训练始终在实战条件下进行，教学训练更有针对性。教材的直观性、可读性和可操作性，极大地方便基层警队教学训练和民警自学自练。教材中介绍了训练方法和考核办法，便于基础单位组织实施训练，广泛提高实战能力。

全书由主编余志健、易丽萍同志拟定编写提纲。第一章由易丽萍编写；第二章由徐猛编写；第三章第一节、第二节，第七章由余志健编写；第三章第三节、第四节、第五节、第六节由周伟波编写；第四章由袁志良、闵文委编写，易丽萍修改；第五章由黄晓华编写；第六章由易丽萍、余志健编写；第八章由余志健编写，周忠伟修改；第九章由周忠伟编写；第一章图片由徐猛提供；其余图片由陈宜卿拍摄，朱蕴洁、吴健人拍摄部分图片；图片处理由陈宜卿、余陆维、徐伟俊、陈定元负责；本书图片由余志健、周伟波、陈前进、黄晓华、艾小刚、李涛、童佳、吴平、钟城宗、周诗强、刘珊演示。余志健负责统稿工作；易丽萍、闵文委、谈江萍、黄晓华、陈定元负责校对工作；易丽萍、周忠伟、徐伟俊、徐猛负责全稿审定；本书在编写过程中得到江西警察学院教材编审委员会主任程小白教授的关心和帮助，得到全体编审委员的大力支持；还得到中国人民公安大学章小辉副教授、省公安厅教育训练处盛志豪大力支持，同时我们参考和借鉴了大量警务技能、防卫与控制等方面的教材、著作、网络等资讯，对此向原作者致以衷心的感谢。对于支持和帮助我们的朋友、同事表示衷心感谢！

本书在编写过程中，编者虽力争使内容更实用和规范，更贴近实战，为一线民警训练和实战需要服务，但由于受水平所限，书、图中肯定会有疏漏和不妥之处，敬请读者批评指正。

编者

2015年10月

目 录

第一章
徒手防卫与控制概述

【学习目标】

1．了解警察防卫与控制技术的历史沿革与发展现状。

2．了解徒手防卫与控制的特点、训练的目的与意义。

3．熟悉掌握人体主要关节的反关节原理和人体主要要害部位。

第一节　徒手防卫与控制发展的历史沿革与发展现状

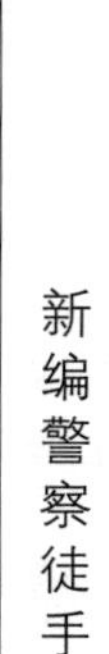

徒手防卫与控制是警察在执法过程中,遇到不能或不便使用警械和武器的情况时,使用徒手攻防技术制止暴力抗法、保护自身安全、控制违法行为人或抓捕犯罪嫌疑人所采用的技术。它是警察自身防卫和控制、有效控制态势、剥夺控制对象反抗能力的一种必备技能；是警察强制手段中的武力(强力)行为之一。

我国警察徒手防卫与控制是在中华武术的基础上，将“踢、打、摔、拿”等技法融为一体，结合人民警察的工作特点和执法要求，在长期的执法实战中产生和发展起来的。

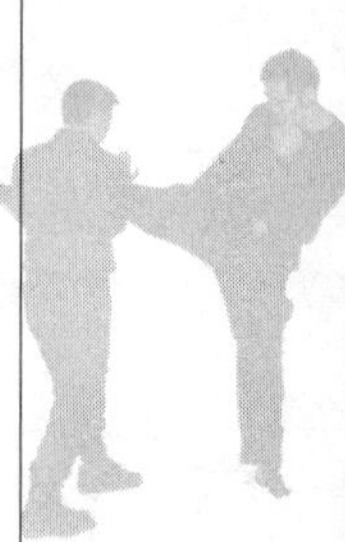

中华武术历史悠久，究其根源，比较一致的认识就是：原始社会期间，人类为了生存而同大自然进行抗争以及人类为获取生活资料相互之间进行搏斗时，在实战中悟出并不断总结形成了拳打、脚踢、绊摔、擒拿、跌扑等动作，出现了武术的雏形。自原始社会末期至阶级社会以来，部落之间、民族之间、

阶级之间的战争频繁，促进了搏斗技术的发展。私有制产生后，在氏族社会、部落之间的战争时有发生，使用武力成了掠夺财富的最主要的手段。如人与兽斗、人与人斗的本能活动，经过漫长的岁月和积累，一旦从本能的自卫活动过渡到有意识的技击交流时，便产生质的飞跃。部落战争中远则运用弓箭、投掷器，近则用玉石木骨作为武器。手中的武器被打掉，自然是赤手空拳的搏斗。求生的本能向人们提出了军事技能的要求，提出了对部落的成员进行军事技能训练的任务。这种有意识的组织传授活动对“相搏”技术的产生和发展有着重要影响，西汉时期的储具圆雕《格斗》就生动地展现了徒手搏斗的场景，但此时的武术是出于人的自卫本能，还未进入有目的、有计划、有组织的体育活动范畴。

《礼记•王制》载“凡执技论力，适四方赢股肱、决射御”，表明当时已经有了用“执技论力”、“赢股肱”来决定胜负的相搏之术。

到了商周时期，攻防格斗技术已被单独拿出来训练士兵。统治者还规定了专门的训练时间——“三时务农，一时练武”，故“征则有威，守则有财”。《礼记》练武内容有射箭与对抗攻防技术，此时习武已成为人们有意识、有目的、有组织的活动。

春秋战国时期武术发展到了一个新阶段，诸侯各国为称雄争霸，都很重视“拳勇”、“技击”对军队战斗力的影响，重视技击术在战场上的应用。齐桓公曾于春秋两季举行全国性比较武功的“角试”，来选拔天下豪杰、枭雄以为己用。管仲亦曾在齐国招募全国有“拳勇股肱之力”、“筋骨秀出众者”来训练军队，齐国正是靠重视拳勇、技击而首先争霸诸侯的。秦统一六国后，“收天下之兵”客观上限制了民间的练武活动，但此时正是“手搏、角抵”——武术徒手对抗项目发展的最佳时期，武术徒手对抗在当时极为盛行。1975年在湖北江陵县凤凰山出土的秦墓中发现一木篦，弧形背面有彩绘的“手搏”比赛场面：三个男子着短裤，腰间束带，足穿翘头鞋，右边两人在进行“手搏”比赛，左边一人双手前伸，作裁判状，台上挂有帷幕飘带表示比赛在台上进行。

汉初的统治者为抵御匈奴，鼓励习武，大大促进民间练武活动，并出现了一个新名词——“武艺”。出现了许多不同风格的技击流派，这里武艺是徒手和器械对抗与套路的总称。

到唐宋盛世，武术大兴，唐开始实行武举制，并用考试办法授予武艺出众者以相应称号，如“猛殿之士”、“矫捷之士”、“技术之士”、“疾足之士”等。通过考试选拔人才的制度，促进了练武活动，也标志着唐代的武术运动已进入一个较高的阶段。两宋时期，阶级矛盾及民族矛盾错综复杂，武术得到了很大发展。在街头巷尾出现了打场练武，热闹非常，表演的武艺有“角抵”、“使拳”、“踢腿”、“使棒”、“舞仗”、“舞刀枪”、“舞剑”及“打弹”、“射弩”等。此时开始出现了民间自愿结合的练武组织“锦标社”、“英略社”、“角抵社”等，民间习武犹为盛行。

明代是武艺集大成、大发展时期，派流林立，不同风格的拳术、器械都得到了发展。有关武术的著作数量之多，内容之丰富，是过去历代所没有的，这就促进了武术在技术、技击与健身方面的发展。这期间，武术运用于军事上又是一个明显的特点。尽管宋代已使用了火器，明初更为频繁，但并未影响武艺的发展。如嘉靖年间倭寇入侵浙江沿海一带，受祸甚烈。平倭明将戚继光所组织的戚家军，兵精械利，精于武术，所以能击破倭寇。戚继光著有《纪效新书》、《练兵实纪》等书，提倡拳术御倭。练武的目的是使士兵学好本领防身杀贼，立功效国。军队中除了规定练武的时间，还重视通过比赛方式来促进练兵，充分说明了武术与提高战斗力有着密切的关系。

清代武术之发展远远超过前代。形式多样的拳种在民间有着深厚的基础，深为劳动人民喜爱。太极拳、八卦掌、形意拳、劈挂拳等拳种都在此时形成，各拳种已大多形成自己的理论体系，也大多用整体观来论述拳理，长期以来指导着人们练武。

民国初期，习武开禁，拳技蓬勃一时。技击大师霍元甲传霍家迷踪拳，1910年在上海创“精武体操学校”，后改为“精武体育会”，在继承与发展武术运动起了积极作用。1926年国民党统治区改武术为“国术”，成立“中央国术馆”于南京，利用知名武术家酷爱武术运动，发展官办武术馆，推行其反动政策。在反革命武装中设立“国术”训练机关，培养大批的军统特务，以此对革命党人进行绑架、暗杀、搞恐怖活动。把武术作为工具，为其阶级统治服务。

由于历代的战争中，除持器械厮杀外，还有徒手搏击。由此逐步形成利用手、足等部位的力量，采用适当技法使对方身体的某些关节部位超越活动极限或向相反方向扭转，造成关节部位产生疼痛甚至脱臼，从而失去还击和反抗能力的擒拿术。中国共产党建立初期产生了我党第一代保卫工作人员，在保卫党的中央机关安全，保卫红色政权和红军的安全中，早就广泛地运用了擒拿格斗技术。如：1927年11月我党正式成立了中央特科，由当时中央特委周恩来同志直接领导，下设四个科。其中第四科行动科由陈赓负责，主要工作任务是：打击特务，镇压叛徒，营救被捕的中央负责同志，保卫党的领导人，保卫党的

机关，保障中央召开的各种会议的安全进行。行动科的人员要求精干、隐蔽、纪律严格，不仅要求枪打得准，还要具备精湛的擒拿格斗技能，在执行任务时为了隐蔽不暴露，要求尽可能不开枪射击，大多情况下运用擒拿格斗技术来完成任务。1938年5月，我党建立了第一支人民警察队伍。初建时只有30多人，后来逐步壮大。由于工作性质所决定，擒拿格斗技术已列入警察训练内容。

中华人民共和国成立后，我党团结了广大武术拳师，改造旧的思想作风和破除宗派门户等陋习，并培养了大批武术教练员、运动员、教师和武术科研工作者。国家通过对武术遗产的挖掘、整理，总结系统经验和出版大量的武术书籍和教材，武术作为优秀的民族文化遗产得以继承和提高。由于我国公安、司法工作的需要，警察在长期的工作中以擒拿术为基础，通过逐步修改和补充，形成了一种专业技术即擒敌技术。1959年武警部队司令部编写了第一本擒敌技术训练教材《格斗》，1963年又编写了中国人民解放军公安部队《擒敌技术》教材。

改革开放以后，我国警察的擒拿格斗技术有了更好的发展，结合新时期的公安工作的需要，不仅将摔跤、柔道中的摔法融入擒拿格斗技术中来，形成打拿结合、摔拿结合的技术风格，还进一步改进擒敌技术，研发贴身短打和小擒拿，逐步优化传统技术，拓展解脱与反拿技术，使擒拿格斗技术更符合新时期公安工作的特点。特别是二十世纪九十年代初中期，随着警察查缉战术学科的新兴和警察战术理论的确立，我国警察徒手防卫与控制技术得到良好的发展，进入了技能战术化的快车道。上世纪九十年代中期有关擒敌控制专家根据基层警队的工作特点，提出多警协同控制理念，进而研发了一系列处置方案，由此警察徒手防卫与控制技术的研究进入了多元化的、战术化的崭新时期。

进入二十一世纪，全国公安机关开展“大练兵”活动，警察徒手防卫与控制技术的研究呈现出百花齐放现象，随着“大练兵”活动的逐步深化和公安部举办的多期教官培训班的历练，警察徒手防卫与控制技术的研究理念越来越统一，方法越来越科学，成果越来越贴近实战。现阶段，随着警察徒手防卫与控制教学与训练实战模拟演练的推进，警察徒手防卫与控制的研究正朝着科学规范、战训合一、为实战服务的方向发展。即训练内容与实战紧密联系，突出警组或警队的协同控制技术，警察使用防卫与控制技能必须与案情发展紧密联系，并随案情发展而发展。案情发展的不同阶段，对犯罪嫌疑人或违法行为人的控制必须是环环相扣，武力对等，确保安全有效。

第二节　徒手防卫与控制的特点

徒手防卫与控制技能是在吸取中华武术各流派、世界各种搏击技术精髓的基础上发展起来的,它是将实用技击技术紧密结合警察执法实践的实战技能。所采用的技术都是方便公安民警学习训练和掌握的，有利于公安民警操作，有效控制、制服和擒获对方的，必须是合情的、合理的和合法的。其特点主要有三方面。

一、简单实效，便于训练掌握

根据我国警察工作的实际情况,警察日常工作十分繁忙,大部分警察处于超负荷的工作状态中,没有整块或较长的时间进行徒手防卫与控制技能的训练。并且警察在擒敌控制时具有极高的危险性,要像传统武术那样“未练拳,先站三年桩”,显然不符合警察的职业特点。所以,必须要求警察使用的徒手防卫与控制技能十分实用, 要有在短时内制服对方的绝对把握；同时，警察在学习、训练、掌握这一技能时，就要讲究易学和速成。因此, 警察徒手防卫与控制技能必须注重简单实效，便于训练掌握。能使警察在较短的时间内掌握基本的徒手防卫与控制技能,并在实战中能良好的运用,是警察徒手防卫与控制的重要特点。

二、有效合法，针对性强

徒手防卫与控制在警察实际工作中是警察执法的强制性手段之一。因而,技能本身的内容设置及使用的原则必须是针对执法实践的需求,必须体现合法和有效。所以,这就要求徒手防卫与控制技能要具有很强的针对性,对不同侵犯类型的违法犯罪分子要运用不同的制服手段。警察制服敌方,主要以使其就范而不伤害其身体为原则,若动则致人伤残,一方面法律不允许,另一方面还给公众以警察滥用暴力的恶劣影响。

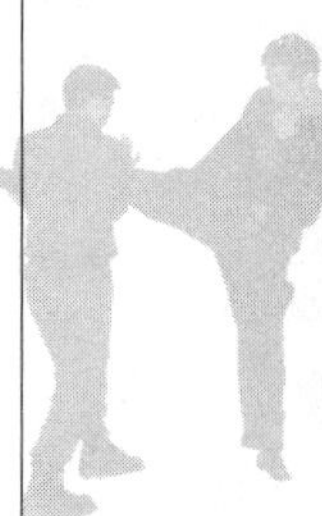

三、武力对等，环环相扣

人民警察使用徒手防卫与控制技能，往往是在违法犯罪分子具有违法行为或实施了犯罪行为，或正在违法和犯罪时施用。这种技能的使用是滞后于行为的，使用中必须武力对等，这是法律层面的要求，也是警察执法理念的必然结果。人民警察执法施技时，要根据案情的发展，合理使用武力，做到“水涨船高”。关联的每一个防卫控制的阶段，要求环环相扣，技术的武力升级必须相辅相成。这是警察徒手防卫与控制技能的又一重要特点。

第三节　警察训练徒手防卫与控制的目的与意义

一、掌握和提高警察徒手防卫与控制技术有利于增强警察队伍的战斗力，适应新时期警察工作的需要

人民警察作为打击违法犯罪的主要力量,其性质决定了该职业的辛苦、劳累、危险性大等特征。这种职业特征,无论是在体能上还是心理上都给警察以巨大压力。作为一名警察不但要适应超负荷的工作,还要承受社会各界的压力。长期的劳累与心理压力,会造成警察队伍的战斗力下降。警力不足也是长期困扰我们的一大难题,近年来,人们提出了向战斗力要警力的概念。提高警察防卫与控制技术水平,可以增强警察的生存意识和自我保护能力,增强克敌制胜的本领,使之不管在怎样艰难困苦的场合,都能保持旺盛的斗志、顽强的作风、饱满的战斗热情、精湛的擒拿格斗技能、熟练的战斗技巧和充满活力的强大战斗力,以适应新时期警察工作的需要。

二、掌握和提高徒手防卫与控制技术是提高警察自我保护能力的需要

随着我国改革开放和社会主义现代化建设的不断深入进行,人民的物质文化生活有了明显提高。但是,西方一些腐朽思想也随之进人我国,并腐蚀了一些立场不坚定的人。使得我国社会治安形势日趋严峻,犯罪率逐年上升,一些犯罪分子作案手段更加狡猾、凶残,暴力抗拒的情况时有发生。公安工作处于同违法犯罪做斗争的第一线,警察只有先保护自我,才能谈得上打击犯罪、保护人民、为社会主义现代化建设保驾护航。掌握和提高徒手防卫与控制技术就是提高警察自我保护能力的有效手段之一。

三、掌握和提高警察徒手防卫与控制技术是加强警察队伍建设的需要

当前国际、国内环境日趋复杂,公安工作也面临着新的挑战和考验。近年来社会治安形式复杂多变,刑事犯罪不断增多。面对种种新问题公安部党委提出:要努力把公安队伍建设成为忠诚可靠、训练有素、精通业务、纪律严明、作风过硬,能统一指挥、快速反应、秉公执法,能够应付重大政治和治安事件的有坚强战斗力的队伍。然而,加强对公安队伍徒手防卫与控制技术的训练是实现这一目标不容忽视的重要举措。其基本意义在于从高标准、严要求出发,进行严格教育、严格管理、严格训练和严格纪律,全面提高公安队伍的素质。

第四节　人体关节与要害部位

一、人体关节的组成、特点和运动

人体中，骨与骨的连接叫做关节。它的主要结构有关节面、关节囊和关节腔。关节的周围有韧带和肌肉。骨、关节和肌肉在神经调节下进行活动，可以使人体做出各种不同的运动姿势。由于警察防卫与控制技术中所利用的关节是能动的关节，因此，我们主要介绍以下关节。

1.颈椎

颈椎是连接人体躯干和头颅的主要关节，也是颈部连接胸部的要害部位。颈椎和脊柱相连，在人体中占据重要位置，它能前后屈伸，左右转动，活动自如，颈椎中有神经束通过，是大脑神经支配全身活动的通道。如果颈椎受外力击打、猛挫、狠拧或左右扳转，会造成颈椎脱位、骨折和血流不畅，致使肌体遭受创伤，神经及大脑机能失灵，使部分肌体瘫痪和僵化。颈部肌肉及皮肤很薄，遭到打击容易致残，严重的会使人死亡。如图1–4–1。

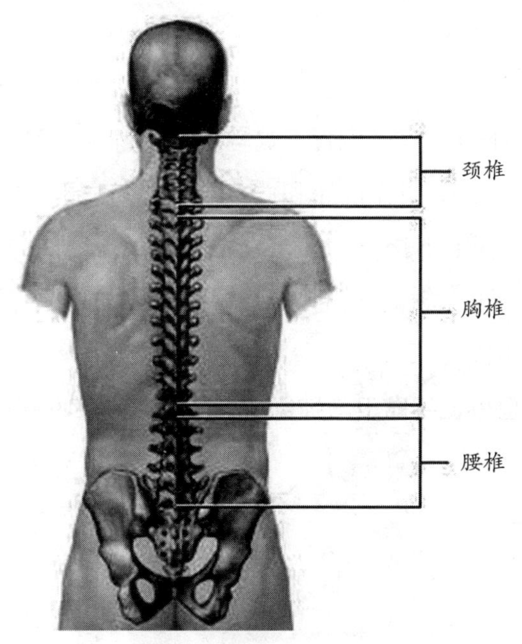

图1–4–1

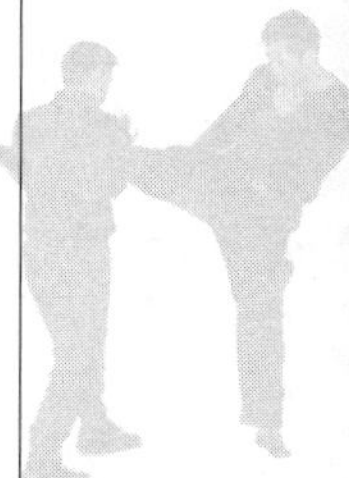

2.肩关节

肩关节为上肢最大的关节，也是人体中关节活动范围最大的关节。由肱骨头和肩胛骨的关节盂构成。其关节囊的前下方没有肌肉覆盖和韧带加强，因而运动灵活，活动范围大，同时也是一薄弱点，肱骨头易在此滑出造成脱位。肩关节能做前屈、后伸、内收、外展、旋内、旋外以及绕环运动。因关节稳定性较差，容易受伤，如果受暴力左右扳拧或用力向前、向后扳拉至极点，就会使其脱臼或韧带撕裂。如图1–4–2

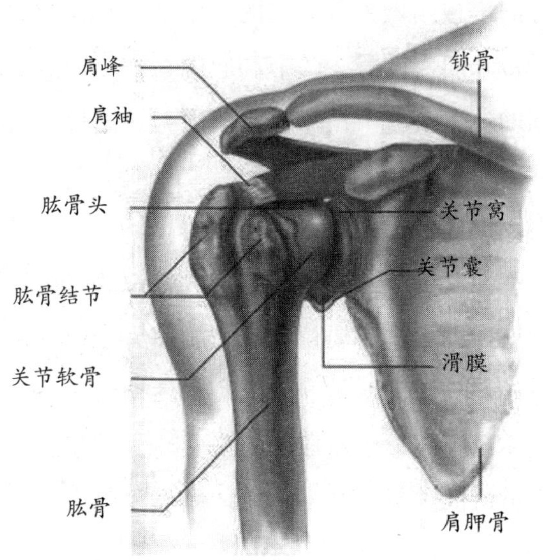

图1–4–2

3.肘关节

肘关节是由肱骨下端和尺、桡骨上端构成的一个复合关节，包括肱桡、肱尺和桡尺近侧三个关节。它可做前屈和伸直的运动。由于肘关节是锥形结构，左右两侧极其稳固，而上下松弛，如果在伸直的情况下，再由后向前施加压力、打击,则易出现脱臼、移位、韧带撕裂或骨折的现象。如图1–4–3。

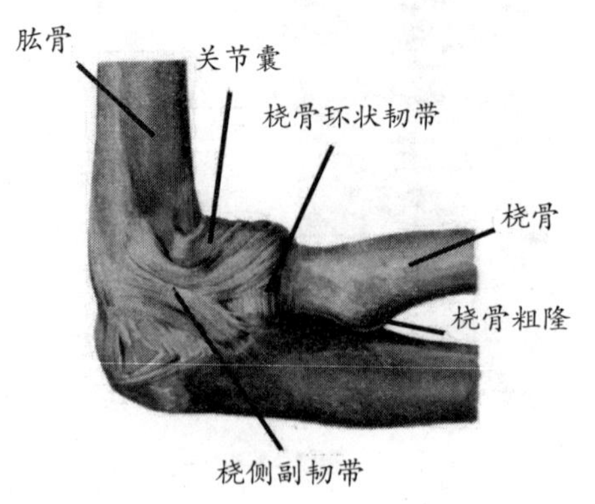

图1–4–3

4.腕关节

腕关节是由桡骨下端的关节面和腕骨的近侧列连接而成。它的活动范围比较大，转动灵活，能做前屈、后伸、内收、外展和环转运动。但由于手腕的结构复杂，又有许多细小骨头，主要依靠周围韧带来连接，因此稳定性较差，如果超出它的生理活动范围，用力使手腕向任何方向过度扳拧，都能使其脱臼、韧带撕裂，甚至骨折。如图1–4–4。

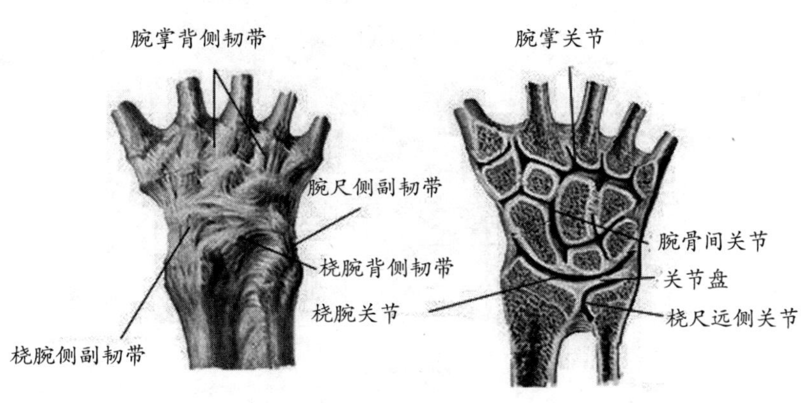

图1–4–4

5.指关节

手指关节都是屈戌关节，它是由两个短小的指骨连接而成的。关节囊背侧松弛，其余三侧有韧带加固，它能前屈和伸直，活动范围很小，运动时屈大于伸。由于指关节皮薄，骨浅、盘膜多、神经敏感，如果使其伸直，再向后或两侧扳拧，很容易造成剧痛、韧带撕裂或骨折。如图1–4–5。

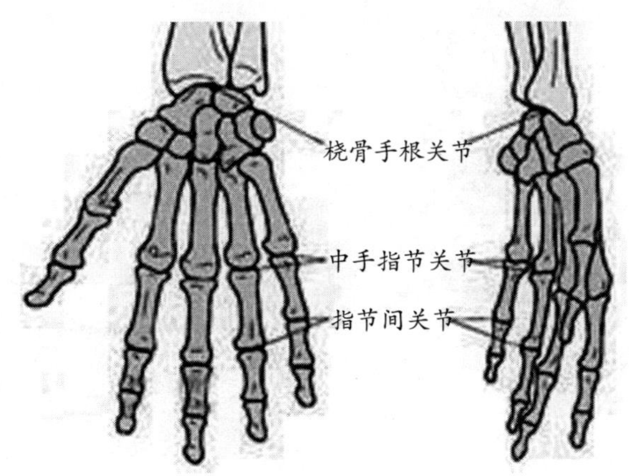

图1–4–5

6.膝关节

膝关节是由股骨下端、胫骨上端的关节面以及髌骨和半月板组成。它是下肢的主要关节，既承受全身的重量和支撑、移动及跳跃时地面的反作用力，

又要做很多灵活的屈伸运动，以增大下肢的活动范围。膝关节的关节囊较紧，加固关节的付韧带多而强，因此，能限制关节的过度屈伸和胫骨的前后移位。它能做后屈和伸直运动，在小腿屈曲后，可做微小的旋转运动。当膝关节伸直时，被向前、向后或向两侧猛蹬、施力，轻则使人倒地，重则脱位或骨折，当关节半屈位时，迅速扭转上体或猛踹胫骨，可发生半月板撕裂等现象。如图1–4–6。

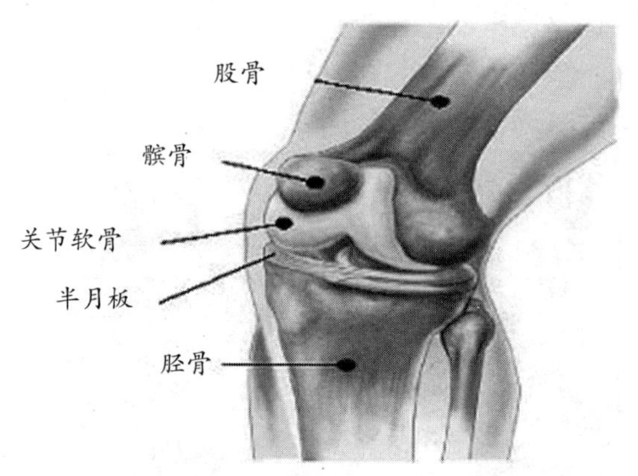

图1–4–6

7.踝关节

踝关节是由胫骨下端关节面、腓骨、跟骨与距骨连接而成的。它的关节囊较松弛，主要借助很多韧带加固。它能做背伸和勾屈，同时也能做微小的内收、外展（内翻、外翻运动）及绕环运动。由于踝关节的距骨体前宽后窄，腓骨侧付韧带较胫骨侧薄弱，因此，当用力左右扳拧或猛击内、外侧踝时，则会使踝关节脱位、韧带撕裂或骨折，丧失其正常功能。如图1–4–7。

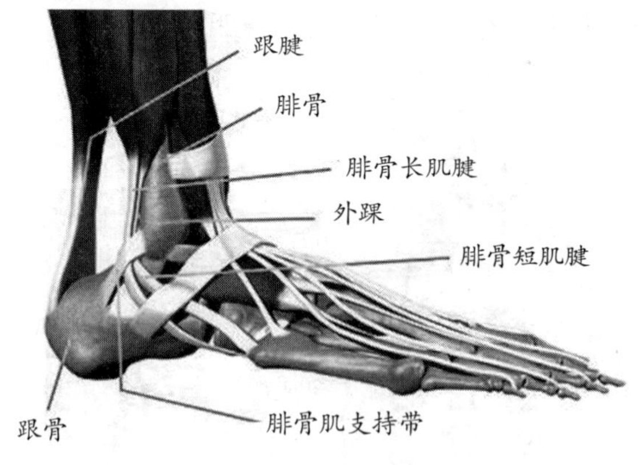

图1–4–7

二、人体的要害部位

要害部位是指人体受外力的打击和压迫，致使出现剧痛、晕厥、昏迷、休克、伤残或死亡以及某些组织或肌体发生功能性障碍的部位。主要有以下十种。

1.后脑

脑后枕部是小脑、丘脑、脑桥和延髓存在的地方，有枕动、静脉及枕大神经通过，它直接调节肌肉张力，保持身体平衡，影响人体姿态，控制交感神经的活动，如果受暴力猛击，可发生骨折，并可能伴随有相应部位的脑神经及血管损伤，破坏交感神经和副交感神经的正常活动，使身体失去平衡，甚至可危及生命。如图1–4–8。

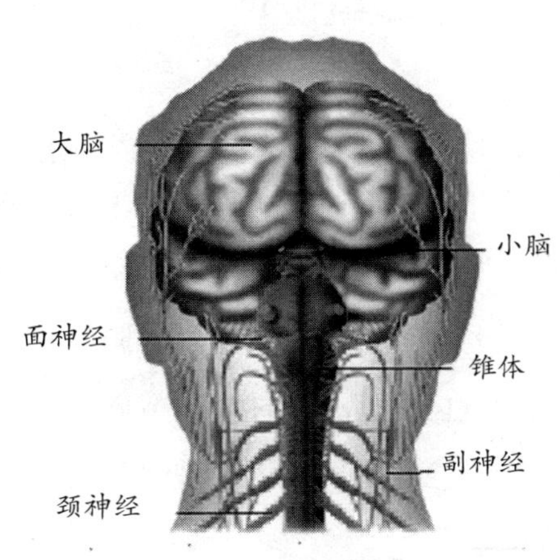

图1–4–8

2.太阳穴

太阳穴在上耳郭和眼角延长线的交点上。由于这个穴位其皮下组织和颅骨较薄，有颞浅动脉、静脉及耳颞神经穿行，颅内有脑膜中动脉前支走行，其位置离大脑又近，如果这个部位受到打击，不仅颞骨骨折，损伤脑膜中动脉，血管壁膨胀导致血液不流畅，造成大脑缺氧，同时，因头颅外部只附着极薄的肌肉和皮毛，易造成脑部震荡，使人昏迷，甚至死亡。如图1–4–9。

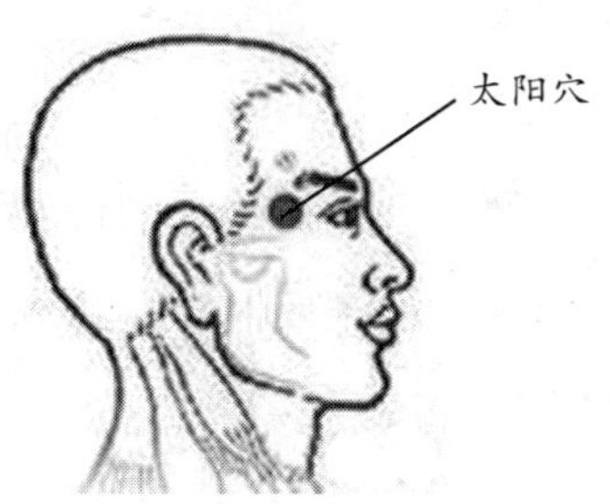

图1–4–9

3.耳后穴

耳后穴在下颌上缘、下耳郭的后面。由于耳根深层的颅腔内，是脑干和延髓，是人体的活命中枢。如果此处受猛力击打或掐拿，就会使脑干受到震荡，使人疼痛难忍，甚至昏迷，失去知觉。图1–4–10。

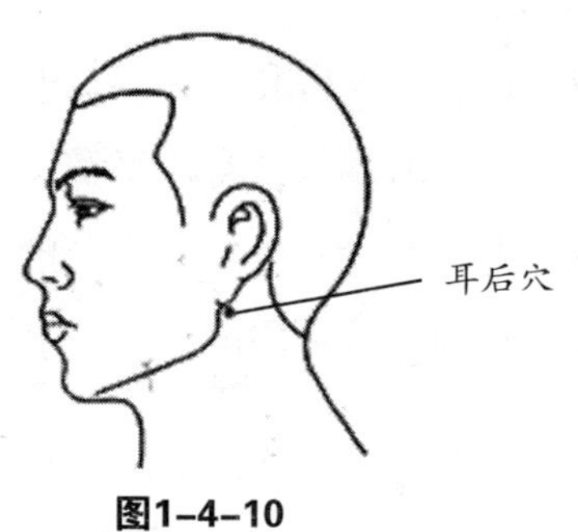

图1-4-10

4.面部

面部有口、鼻、眼等人体味觉、呼吸和视觉重要器官，以眼、鼻“三角区”为薄弱区域。该区域皮下组织较少，神经血管丰富。鼻骨部分由软骨构成，骨质软而薄；眼眶的眶板骨质极薄，构成颅前窝底。如果面部的鼻咽和下颌等部位受到打击，很容易骨折而造成组织水肿，阻碍呼吸，甚至可使人窒息；击打眼睛，重者可引起眶内出血，眼球突出或破裂，轻者造成视线模糊不清，失去战斗力；如果打击“三角区”就会出现血管破裂，流血不止，甚至可出现晕厥现象。如图1-4-11。

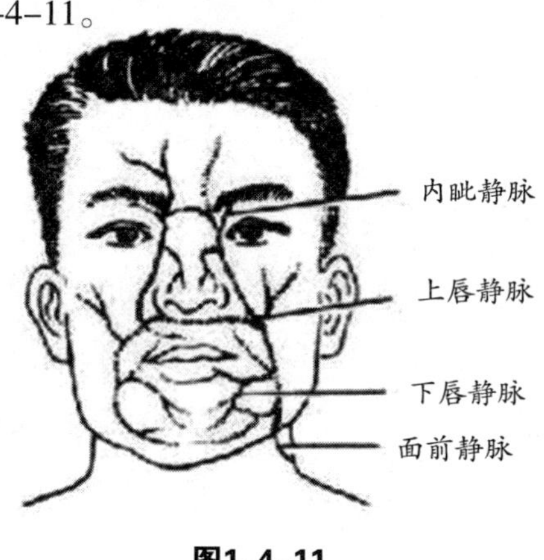

图1-4-11

5.颈侧颈动脉

人们通常在颈侧用手测量到脉搏搏动的位置。如果用使用打、卡、压等方法攻击这一部位，可出现“加压反射”，造成头脑暂时性缺血，使人产生昏迷、晕厥，甚至导致死亡。如图1-4-12。

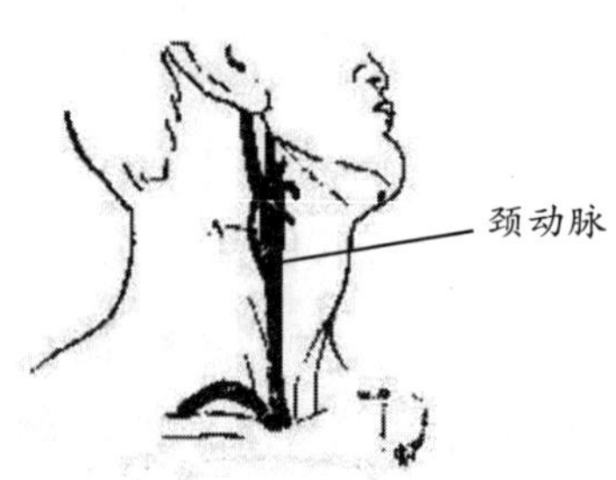

图1-4-12

6.咽喉

咽喉包括喉结、呼吸道和食道，如果使用击、捏、绞等方法攻击咽喉部位，会阻碍血液流通、呼吸不畅，从而引起大脑缺血、缺氧，使人头昏、窒息以致死亡。如果喉部所受外力较大，造成创伤，引起颈总动脉急促出血，人也会很快死亡。如图1–4–13。

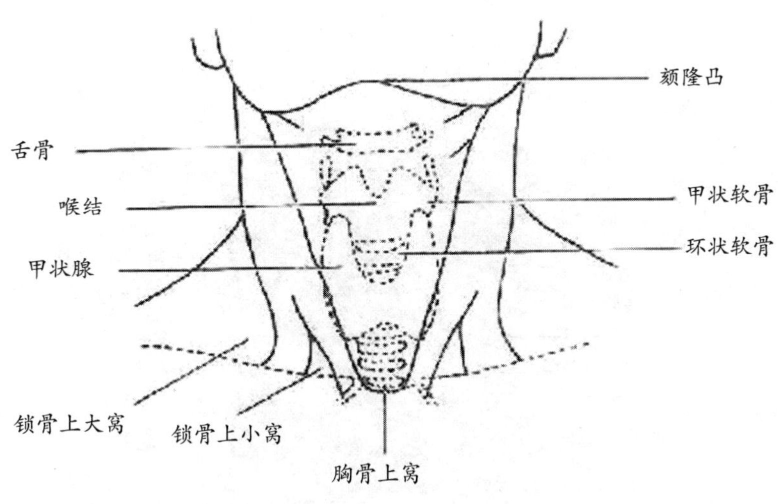

图1–4–13

7.胸部

胸骨剑突以上至锁骨部位，常称为胸腔。心、肺等脏器及大血管均在胸腔内，如果受外力重击，血管因外力压迫而膨胀，会使血液流通受阻，心脏跳动急促或逐渐停止跳动。胸部受重创，心脏会立即停止跳动，造成死亡。如果胸壁受重击，肺部血管膨胀，血液流通受阻，人也会窒息甚至死亡。如图1–4–14。

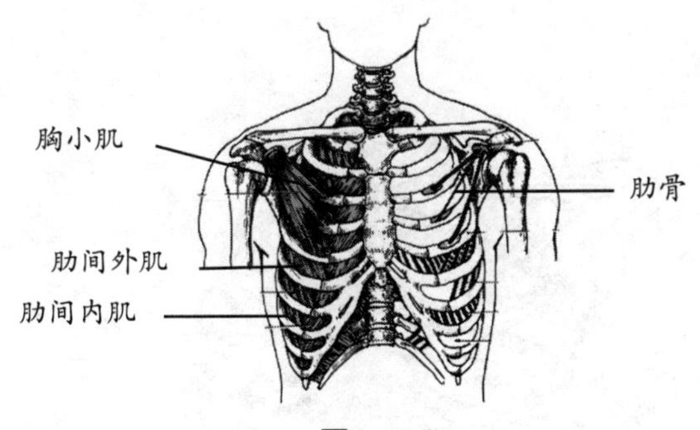

图1–4–14

8.腹腔脏器

腹腔是指胸腔剑突以下骨盆以上的部位。内脏器官分布于腹腔内，右上腹有肝脏，左腹有脾脏，两侧有肾脏。腹部的内脏器官距离心脏较近，有许多血管经过这里.下腹部有胃、十二指肠、横结肠、部分

空回肠及膀胱等脏器。腹部如果受到外力猛烈击打，内脏血管因外力压迫而膨胀，会使血液流通受阻、胃部出血、心脏跳动过快而影响血液循环。同时，由于壁层腹膜神经末稍丰富，感觉非常灵敏，人体会感到疼痛难忍而失去正常功能，甚至昏迷或休克，如果受到重击而引起肝、脾、肾等脏器破裂造成大出血，将会致人死亡。如图1-4-15。

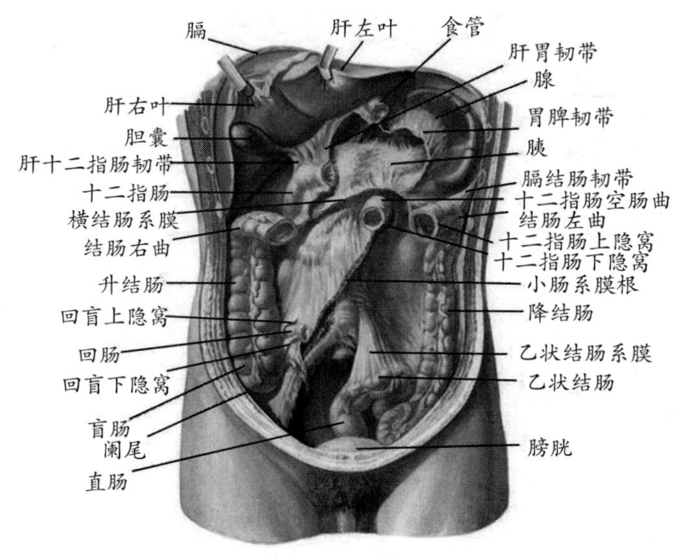

图1-4-15

9.软肋

软肋是指十二对肋骨中后下四对肋骨，由于它们的骨骼细小，附在表面的肌肉和皮肤很薄，神经末梢反应敏感，故在外力的打击下，易于骨折，轻者疼痛难忍，呼吸困难，失去正常功能，重者会因断骨刺破内脏出血过多而死亡。如图1-4-16。

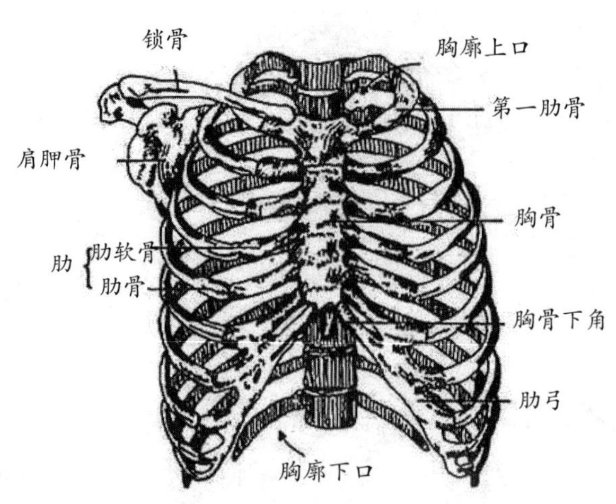

图1-4-16

10.裆部

裆部有人体的生殖器，是神经末梢最丰富的地方，它对外界的反应特别敏感，如果受到外力的踢、打、顶及抓握等刺激，会产生剧痛,重击则易造成睾丸破裂，引起阴囊血肿，严重时可致人死亡。

第二章

徒手防卫与控制训练中的损伤与防治

【学习目标】

1．了解损伤的特征、分类以及分析致伤因素。

2．了解损伤的预防。

3．掌握损伤急救、治疗及康复的方法。

运动损伤在徒手防卫与控制训练中经常会出现，根据徒手防卫与控制的教学中教、学、练、战的要求，以及徒手防卫动作的特点，习练者由于从事专项训练不久、身体素质和专项素质不强、对运动康复知识不了解等都将导致训练中出现各种运动损伤。在一些对抗性的搏击过程中，就算是具有一定的经验和运动水平，运动损伤也会不经意间产生。但是运动损伤的产生一方面会影响训练、实战以及正常的课堂教学，另一方面受伤的习练者将因此而严重影响健康。甚至影响日后的工作和生活。目前，运动损伤已经成为徒手防卫和控制正常训练的重要影响因素。如何正确的防治徒手防卫与控制训练中产生的损伤已经成为摆在徒手防卫和控制教学训练中的一个重要课题。

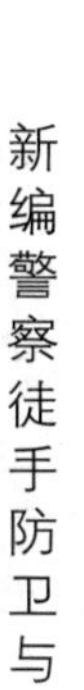

第一节　损伤的特征及分类

徒手防卫与控制是运用防、击、拿、摔、控制等一系列动作制服、押解违法犯罪分子的徒手战术。从动作的招式招法、组合结构形式、训练方式来看，习练者在训练过程中将产生开放性损伤和闭合性损伤、急性损伤和慢性损伤等各类损伤。各类损伤有其不同的特征。

一、开放性损伤和闭合性损伤

根据损伤时是否与外界相通的原则，可以把损伤分为开放性损伤和闭合性损伤。伤口部位或黏膜破裂，创口与外界相通，有组织液渗出或血液从创口流出，成为开放性损伤。如钝器擦伤、刀具刺伤、凶器划伤等。伤部皮肤或黏膜完整，无创口和外界相通，损伤后的出血积聚在组织内部，称为闭合性损伤。如关节韧带拉伤、肌肉拉伤；甚至骨折、关节脱位等。

二、慢性损伤和急性损伤

按照损伤的发病缓急，运动损伤可以分为急性损伤和慢性损伤，瞬间遭受直接或间接暴力而造成的称为急性损伤，其特征表现为发病急、病程短、症状骤起。如挫伤、急性腰扭伤等。因局部长期负担过度，由反复微细损伤积累而成的成为慢性损伤。其特征表现为发病缓慢，症状渐起，病程较长。如慢性腰肌劳损、十字肩等。

三、运动损伤的其他分类及其特征

徒手防卫与控制导致的运动损伤的分类方法多种多样。根据不同的需要还可以按照损伤部位、损伤程度和运动能力丧失程度进行分类。但是这些分类方法对徒手防卫与控制的教学、训练、伤后处理有很好的参考意义。根据损伤部位的分类法，可以较快明确受伤部位；根据损伤程度的不同，可以为损伤提供级别。根据运动能力丧失程度的不同可以为集训队教练、上课教师提供参考，使之正确地估计损伤后果，提出预防措施和合理安排伤后体育活动。按照损伤部位分，可以分为肌肉肌腱损伤、滑囊损伤、关节损伤、骨折、内脏损伤、脑震荡、神经损伤等。按照损伤的轻重程度分，伤后不丧失工作能力的为轻伤，伤后失去工作能力24小时以上并需送往治疗的为中度伤，伤后需要住院观察和治疗的则为重伤。根据实际情况还可以对轻伤、中度伤、和重伤分级。按照运动能力丧失程度分，伤后仍然按照教学训练计划进行体育锻炼的为轻伤，伤后

不能按教学训练计划进行体育锻炼，并需要减少或停止患部活动的为中度伤，伤后完全不能运动的为重伤。另外还可以糅合开放性损伤和闭合性损伤、慢性损伤和急性损伤以及损伤部位细分为急性闭合性软组织损伤、慢性闭合性软组织损伤、急性开放性损伤、慢性开放性损伤等。

第二节 致伤因素分析

运动损伤的发生和徒手防卫与控制的专项技术要求有密切的关系。由于徒手防卫与控制涵盖了散打、擒拿、搏击、控制、徒手夺凶器、倒功等多项动作，技术动作有对抗、反关节运动等多项形式。在正常的训练过程中致伤因素很多。

一、外力伤害

外力伤害通常表现为外界急骤的外界暴力。这种暴力包括直接暴力和间接暴力。直接暴力作用多为钝器等损伤。比如在进行徒手夺匕首等训练中，由于不慎可能导致开放性损伤。在两人进行擒拿练习过程中也可能由于用力过度导致反关节处肌肉韧带拉伤。训练过程中的直接拳脚相向也会直接产生挫伤、擦伤等急性筋骨伤。直接暴力和间接暴力产生后是否产生受伤当然与人体某些部位的生理解剖结构是否薄弱和训练过程中意识控制有关。比如在进行二对一的“抱腿顶摔”动作时，训练中如果被抓者没有一定的倒功技术，很有可能一下地就摔伤身体。继而在控制过程中抓捕者如果用力过度也容易使得被抓者关节损伤。

二、劳损伤害

因为长期不正确的姿势进行劳动、工作的生活习惯，或久行、久坐、久卧令身体某一部位长时间过度用力的积累性损伤即为劳损。在从事徒手防卫和控制的训练过程中，通常会长时期的从事某一种姿势的训练。比如在倒功训练过程中，一段时间长期不正确的倒地，很有可能导致颈椎或者腰椎的上海或者颈部肌肉或腰部肌肉的劳损。特别是从事徒手防卫控制教学的教官和长期进行这方面训练的一线民警容易产生此类损伤。

三、风寒湿邪侵袭

当受外力伤害或者劳损等损伤之后，由于在患病期间仍然受到风寒湿邪的侵袭。通常会致使病情加重并向其他症状转移。比如，有些习练者训练期间不慎患慢性腰肌劳损，在训练中又不太注意保暖等，复感风寒湿邪，从而导致腰痛加重，并兼有肌寒表征。另外，训练过程中气温过高或过低、光线不足等因素能直接导致训练中直接或间接产生损伤。温度过低时不但有冻伤等隐患，而且提高了肌肉拉伤的可能。温度过高则容易使人疲倦，懈怠，进而在动作上出错而致损伤。

四、心理状态不良

第一，在训练过程中通常会出现习练者思想不够重视，习练者和教练对预防运动损伤的意识不强或平时训练中麻痹大意，根本就不重视安全教育，在教学、运动训练中没有积极采取各种有效的预防措施。发生损伤后，也不认真分析原因，导致类似事故不能得到控制。第二，有些习练者出现睡眠或休息不好，患者受伤或伤病初愈，疲劳和身体机能下降时，由于机体疲劳，精力集中度不能提到正常水平，其力量、精确度和协调机能均明显下降，此时，即使技术娴熟的习练者也容易在技术动作上产生错误，引起损伤。第三，有些习练者在训练过程中心情不好、情绪不高，对训练缺乏自觉性和积极性，思想不集中，也兴奋不起来，在这种情况下，也容易受伤。第四，有些习练者情绪急躁，急于求成，信心不足，缺乏勇气，胆怯犹豫，训练间过于紧张，场上心慌意乱，都会提高损伤发生的概率。第五，有些习练者好表现自己，好胜心强，好奇心大，忘乎所以，不顾客观条件的限制和主观条件的可能性，盲目或冒失地进行徒手防卫和控制，也是运动损伤的一大隐患。

五、运动训练安排不当

第一，准备活动不合理。准备活动在任何运动训练中都有重要的意义，因为准备活动可以提高中枢神经系统的兴奋性，增强身体各个器官系统的功能活动。使人体从相对静止的状态过渡到紧张的活动状态。准备活动不合理是造成徒手防卫与控制技术训练过程中损伤的重要外因，准备活动不合理主要表现为：不做准备活动或准备活动不充分、准备活动的内容与训练内容无衔接或衔接不好、准备活动活动量过大（包括强度过大、时间过长、速度过快、用力过猛等）。第二，运动负荷过大。如果在训练中不按照由易到难、由简到繁、逐渐加大运动量和运动负荷的方式进行的话，往往会造成运动损伤的产生。在徒手防卫与控制训练过程中，运动负荷过大特别是局部负担量过大引起机体微细损伤的积累而发生劳损，这也是目前体育运动专项训练中造成运动损伤的主要原因。第三，对训练原则的把握不够。徒手防卫与控制训练必须遵照系统性、循序渐进、个别对待的训练原则，本课程包括多项技术，技术动作不是孤立的，他们的内容都环环相扣。因此学习训练的顺序要按照教学大纲进行。同时

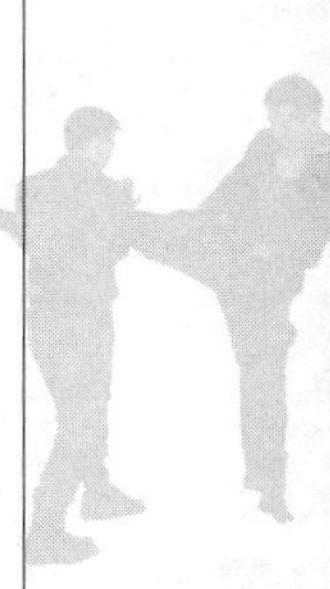

还应当注意训练周期的安排要合理科学，不能随意更改，比如，保护动作的学习应当放在摔法、拿法之前进行学习。在目前的教学过程中，习练者通常具有个体差异性，特别是在职培训学员的学习、训练。在训练过程中如果没有注意到因材施教将很可能导致某部分习练者由于跟不上而造成损伤。第四，场地设备不合要求。运动场地不停，有硬物或杂物，器械维护不良或年久失修，训练用的护具和道具不合规格等都是场地设备不合要求的表现，在正常训练或比赛中，工作人员和习练者一定要灵活把握。在场地设备不合要求的情况下注意训练动作的安全性。

六、解剖生理因素

徒手防卫与控制主要是手脚功夫。经常应用肢体反关节的原理达到制敌控制的目的。正是由于肢体的解剖生理特点。也容易在实施过程中造成伤害。特别是身体一些韧带或关节比较脆弱。在一定的屈曲角度时，稳定性容易下降。如果力度掌握不够将会造成损伤。因此，在训练中一方面要了解身体部位的解剖生理特点，为我所用，一方面还要根据这些知识来预防损伤的产生。

七、训练水平不够

一般身体素质训练、专项技术训练、战略战术训练和心理品质培训不够与运动损伤的发生有密切关系。一般身体素质是基础。如果基础不好，必然导致训练过程中技术动作建立过程缓慢，并且由于自身肌肉、关节的脆弱等客观因素而导致损伤。专项素质是重要内容。具有内在的复杂性。专项技术训练水平不够，往往表现为动作要领掌握不好。很多动作已经成为违背客观规律、违反生物力学原理的错误动作。这种动作无论是作用在自己身上还是实施在陪练者身上都容易产生不必要的损伤。战略战术训练在徒手防卫与控制技术里占据重要的位置。在训练内容中经常有“二对一”或者“多对一”的控制动作，甚至还有实战演练。战略战术训练的不到位，不能熟悉掌握角色的动作内容将使自己或他人受伤。徒手防卫与控制不仅是素质、技术、战略的结合，而且很强调心理品质培养。防卫与控制本来就是攻击与防卫，控制与反控制者之间的博弈。心理在攻防两端都显得非常重要，训练过程中要着重培养习练者的果敢、顽强、镇静的意志品质和胜不骄、败不馁的优良品质。良好的心理能够有效提高兴奋和抑制的转换能力。提高中枢神经系统的兴奋性。而心理品质培训不够会使习练者在训练中出现紧张、失控、蛮干的概率增加，这也是造成运动损伤的一个重要原因。

第三节　损伤的预防

徒手防卫控制的习练者通常按照正规方法进行训练或比赛，然而如果运动不得当就会引发运动损伤。对待运动创伤的问题，我们一方面要重视它，另一方面要正确对待，不能因为发生了一些运动伤害事故就谨小慎微，甚至因噎废食，停止锻炼。运动损伤的发生并非偶然，其发生有一定的规律，我们只要掌握了这种规律，就可以把运动创伤的发生率降低到最低限度。

一、正确的运动训练避免运动损伤的发生

1.掌握运动的技术特点

徒手防卫与控制涵盖武术、散打、擒拿等各项运动，每项运动都有自己的技术特点。每个人的身体条件也各不相同。在训练时，要根据自身的年龄、性别、肌肉力量、关节灵活程度及伤病情况选择正确的运动方式。要了解每次训练课及训练中易发生损伤的技术动作，事先做好准备及采取相应措施。有调查显示，技术动作不合要领导致的运动损伤占35.6%，排在伤害原因的第一位。合理的技术动作，是经过长时间经验总结出的，既可以尽可能地发挥人体的潜能又能有效保护身体不受伤害。这也是为什么经常有人说业余的反而比专业的运动员容易受伤。

2.运动时应考虑慢性疾病的影响

当习练者长期从事这项运动，也会造成一些慢性疾病，而自己却没有察觉。比如，肌肉劳损、腰椎病等。在训练过程中没有考虑风寒湿邪的影响，短时间不能发现有多少影响，但是久而久之也容易造成风湿痹症等影响身体健康的慢性疾病。

3.科学合理地安排训练

训练时，对于不同年龄、水平、健康状况，在运动量的安排上要做到因人而异，科学地增加运动量。少年运动员的训练时间要比成年人短些，强度稍微小些，密度应当大些。训练中还要防止由于局部负担过重，肌肉疲劳而出现运动损伤。可在每组练习的间隔时间内安排些适宜的放松练习。使机体已疲劳的神经细胞加深抑制，得到休息。训练过程中还要合理安排准备部分、基本部分、结尾部分的运动。准备部分要充分，既要将躯干、肢体的大肌肉群充分活动开，也要将各个小关节活动开，特别手腕关节、大腿内侧韧带要拉开，以免受伤。

在训练基本部分要注意运动量由少到多、动作技术由易到难、多种运动相互补充并注意加强基础素质训练。结尾部分要注意适度放松、整理运动。这有利于更好的恢复和预防损伤。

4.正确把握教、学、练、战的要求。

徒手防卫与控制包括教、学、练、战等部分，在不同的部分对习练者的要求不同。在不同部分应当严格把握各个阶段的要求。特别是在“战”的部分，既要求动作到位，具有很强的实战性和比赛性，又要有效地防止损伤。比如在按体重级别进行散打比赛时，要严格遵照规则要求，按体重分级别参加比赛，尽可能不要超越自身体重级别上升到高一级别比赛。在实战演练中，不能对待真正的敌人一样不顾一切地制服配合演练者，否则将造成很大损伤。在徒手防卫与控制的教、学、练、战过程中还要讲究武德教育和基本道德教育。武德作为武术类运动习练者的一种道德行为规范，目的则在于使武术类运动作为体育竞技项目健康发展。就算徒手防卫与控制有制服犯罪分子或正当防卫等用途。在正常训练过程中还是要讲究武德，很多动作点到为止。更不能在训练过程中有意击打禁忌部位、以强欺弱等。训练过程中应当杜绝只顾自己，不注意保护对方的做法。

二、运动损伤的预防措施

1.加强易伤部位的肌肉力量

由于人体解剖部位村子啊薄弱点，腕、踝、膝关节等易受伤，坚持加强易伤部位肌肉的力量训练，对于预防运动损伤的发生十分重要，如加强股四头肌的力量可以减轻膝关节的负担，减少损伤；加强腰部的力量练习，可以防止腰肌劳损及其其他情况下腰部损伤；多做指力练习，可以防止指关节挫伤，多做固腕运动，可以增强腕部力量，等等。

2.加强医务监督

建立和健全医务监督制度，包括习练者自我监督和医生、教练或者科研人员检查运动员的生理指标等内容。随时了解习练者对运动量和运动负荷的生理机能反应，为科学地安排训练提供合理指导，对病后体弱和过度疲劳的习练者更要加强医务监督，合理训练。训练中如果出现疼痛就要有所注意。不要试图穿跃疼痛阶段，这样会使你的疼痛由慢性到永久的伤病。如果24小时疼痛不减，请马上寻求医生的帮助。

严格实施场地、设备卫生监督，场地、器械和防护用品要定期进行卫生安全检查，对已经损坏的场地器材应当及时维修，维修前一律禁止使用。禁止穿不合适的服装鞋帽进行活动。

3.加强保护和自我保护

每个参加体育锻炼的人都应该掌握自我保护办法。例如，身体失去平衡时，要立即向前或后跨出一步，以保持身体平衡；当人快要跌倒时，应立即低头、屈肘团身、顺势滚翻，不可直臂撑地；从高处跳下，用前脚掌先着地后屈膝，以增强缓冲作用等。快速跑需要急停时，不能急刹停顿，应减速缓停，否则，踝、膝、髋、腰等关节会严重受挫。人体从高处下落着地时，必须注意双腿屈膝并拢缓冲后站起，否则踝和膝等关节会受到不同程度的撞击。落地时失重不稳，首先头脑要保持冷静再迅速低头屈肘团身，用肩背着地并顺势作滚翻动作，以消减地面强大的反作用力，切忌直臂撑地和强行制动，否则会造成上肢或肩部损伤。对抗性较强的运动中，要注意上肢一定程度的外展，并保持相对的紧张度，以防外来的突然性暴力动作，另外，降低重心，加固根底也是很好的自我保护方法。习惯性易伤部位。如脚背外侧，拇指的根部等，对这样易受伤部位，除要充分做好准备活动外，还要注意正确使用保护带，如护踝、护指、绷带等。

4.运动中注意补充电解质

运动时我们会大量排汗，许多电解质成分也会随汗液排除。我们要及时补充这些流失的电解质，否则会发生肌肉“抽筋”等情况，进而导致运动伤害的发生。比较简便有效的方法就是饮用运动饮料。这些饮料中一般会含有人体所需的各种电解质。

第四节　损伤的急救、治疗及康复

一、损伤的急救

在徒手防卫与控制的教学和训练中一旦出现损伤，首先应当进行急救。急救是对意外或突然发生的伤病事故进行紧急的临时性处理。其目的是保护伤员的生命安全、避免再度伤害、减轻伤员痛苦、预防并发症，并未伤病员的好转和进一步治疗创造有利条件。运动损伤的发生有时会出现休克、骨折、关节移位、流血等紧急症状，此时通常很难做到第一时间就医，必须进行急救。急救时必须注意救命在先，并注意休克，若发生休克，必须优先抢救休克。急救过

程中必须分秒必争，力求迅速、准确、有效，并迅速联系医务机构或人员。常用的急救方法有：止血、包扎、固定、搬运等。

（一）止血

出血属于开放性损伤，成年人出血量达到800–1000毫升时，就有可能出现危及生命的并发症。机体有效血容量不足将出现交感神经活动不强、血管灌注不足、组织缺氧等现象。失血病人通常表现为心率加快，四肢发冷，出汗增加，心存焦虑，有时还会出现皮肤黏膜苍白，静脉塌陷，尿量减少的症状，并且常常伴有脑缺氧的症状。在进行出血的急救时可以采用指压法、加压包扎法止血带法等止血方法。

1.指压法

是用手指压住动脉近心端经过骨骼表面的部位，达到止血的目的。头顶、面、颈部出血的压迫法是指用手指分别压迫颞动脉、面动脉、椎动脉。上下肢出血压迫法为上肢用手指压迫锁骨下动脉、肱动脉、肘动脉、尺桡动脉，下肢用手指或手掌压迫股动脉、指压腘动脉。

2.加压包扎法

以无菌纱布、敷料或干净毛巾等折成比伤口稍微大的垫子，堵塞或覆盖伤口，再用绷带、三角巾加压缠绕以压迫止血。松紧度以能达到伤口止血又不影响其远端血运为宜。

3.止血带法

以止血带缠绕在有效部位以阻断动脉血流，制止出血的方法。适用于四肢大出血而用其他方法不能控制者。目前常用的又两种止血带，其一是充气止血带，为带压力表的充气止血带，使得其充气压力高于其收缩压（50~80毫米汞柱）能对股、肱动脉出血完全或基本控制。其二是橡皮止血带，勇于肢体的适当部位，用棉垫、纱布、毛巾等物作为衬垫，在将止血带在肢体上缠绕2周勒紧。以达到止血的目的。在使用止血带时必须注意：（1）止血带的位置应尽量靠近出血伤口的上方，上臂宜扎在上1/3处，大腿宜扎在下1/3处或上2/3处。前臂与小腿同事双骨骼部位，血管在两骨骼间走行，止血带起不到勒闭血管的作用，所以不宜在前臂和小腿扎止血带止血。（2）缚扎时间越短越好，一般不超过1小时，如果需要延长止血带时间，则每1小时放松一次。放松时间以恢复局部血流、组织略有新鲜渗血时为度。（3）在受伤时扎上止血带，应当立即记录上止血带的时间。作为重要时间参考。

4.屈曲关节止血法

在前臂出血时，于肘窝部加一棉垫，屈肘;上臂出血时，在腋窝部加一棉垫，上臂紧贴胸壁，用绷带布条固定上臂于胸壁上；小腿出血时，在腘窝部加垫，屈膝；膝部或大腿出血时，在大腿根部加垫，屈髋。然后用绷带将位置固定。此法伤员比较痛苦，一般不宜首先考虑。

5.抗休克裤法

适用于盆壁、膀胱后出血的止血。不仅可对该区域出血部位加压，减少出血，而且可以相对固定骨盆和下肢骨折，取回下肢血液，增加回心血量和脑血流灌注。

（二）包扎

包扎是以无菌敷料或干净毛巾、衣服、布类覆盖伤口，外面用绷带或布条包扎，以达到保护伤口、减少污染、固定敷料、帮助止血止痛以及相对固定骨、关节创伤的目的。在包扎过程中接触伤口的敷料应尽量选用无菌或相对最干净的材料，包扎的范围应当超出创面边缘5–10厘米，加压缠绕绷带时应由肢体远心端向近心端实施加压，包扎的松紧度以有效加压止住出血又不影响肢体血循环为宜。对已经外露的组织、骨骼不应还纳，对头颅、腹部外露的组织应当用凹形物（如碗、钢盔等）扣住伤口，以绷带、三角巾将其包扎。或以纱布、绷带做成环形扣在外露的组织外围，起保护作用。在一般急救中有三角巾包扎法和绷带包扎法两类。

1.三角巾包扎法

（1）帽式包扎法：将三角巾的底边向上反折约3厘米，置于前额齐眉处，顶角向后盖头，两底角分别从耳上缘向后拉，在头枕部压住顶角，顶角平折在一底角内，两底角相互交叉绕到前额打结。此法用于头部外伤。

（2）风帽式包扎法：三角巾顶角和底边各打一个结，形似风帽，顶角结打在前额，然后将两底角拉紧包绕下颌至枕骨结节下方打结。

（3）面具式包扎法：将三角巾顶角打结套在伤员下颌处，罩在头上，拉紧两底角交叉绕至前额打结，包好后，根据病情，在眼睛、嘴巴处提起巾布各剪一洞，露出眼、口。此法用于面部外伤。

（4）单眼或双眼包扎法：将三角巾折成代行，约4指宽，将2/3向下斜放于伤侧眼部，从耳下绕枕后经健侧耳上至前额，压住上端绕头一周打结，包扎双眼时，可将反折上端斜下，压住另一伤眼，在经耳下至对侧耳上打结，分成“8”字形

（5）肩部包扎法

①单肩包扎法。燕尾夹角朝上，放在伤侧肩上，向后的一角压住向前的一角，并稍大于稍前的一角，燕尾底边包绕上臂上1/3打结，拉紧两燕尾角，分别

经胸背于对侧腋下打结。

②双肩包扎法。将两燕尾角折成等大，夹角朝上对准颈后正中，燕尾披在两肩上，两燕尾角过肩由前往后包肩至腋下与燕尾底边相遇打结。

（6）上肢包扎法：三角巾一底角打结套住伤手，另一底角经背部拉到对侧肩上，用顶角包绕上肢，屈肘，两底角相遇打结。

（7）手（足）包扎法：手心向下朝顶角方向平放在三角巾上，顶角向回折，两底角拉向手背，左右交叉压住顶角后绕手腕打结。同法包足。

（8）单侧胸（背）包扎法：三角巾顶角朝上盖住伤侧胸背，两底角包绕胸部在背后打结，再与顶角连接。同法包背。

（9）双侧胸（背）包扎法:三角巾折成燕尾巾，两角向上放在胸前（夹角对准胸骨上凹），顶角带子和燕尾底边另一角围胸在背后打结，然后将两上角在颈后打结（或在一上角系带，过肩到后背绕横带向上提，与另一上角打结）。同法包扎背部。

（10）下腹部包扎法：三角巾底边在上围腰，顶角向下盖住腹部，两底角绕到后腰打结，顶角经两大腿间后拉，经一侧臀部向上拉遇底边打结。

（11）臀部包扎法：燕尾巾单臀包扎法。三角巾折成燕尾状，将90° 夹角对准股骨粗隆，两底边角在腰部一侧打结，大燕尾包绕臀部，两燕尾角至大腿内侧打结。蝴蝶式双臀包扎法：把两条三角巾的顶角连接处置于腰部正中，两条三角巾的各一底角围腰打结，再取另两角分别绕过大腿内侧与相对的边打纽扣结。

（12）膝关节包扎法：三角巾顶角朝上盖住膝关节，底边翻折向后拉，左右交叉再向前上拉至关节上方，压住顶角打结。也可将三角巾向内一折三，斜放于膝部伤口上，两底角向后交叉绕至前方，压住上下两边，在膝内侧打结。

（13）小腿、脚包扎法：脚趾朝底边，踝在靠近一底角处，提顶角及另一底角包小腿打结，再将脚下底角反折至足背绕脚踝打结。

2.绷带包扎法

（1）环形法：将绷带做环形缠绕，第1圈环绕时，绷带末端稍斜出环圈范围，第2、3圈环绕后，将第1圈斜出部分压于环形圈内，缠好后尾端撕成两头打结或用胶布固定。此法常用于头颅、胸、腹和四肢等部位。

（2）螺旋形法：先按环形法缠绕数圈固定，随之上缠每圈盖下圈的1/3 ~ 2/3成螺旋状，粗细相差不多的柱状部位常用此方法。若上下粗细相差明显，当绕至渐粗处每圈可将绷带反折一下，盖住前圈的1/3 ~ 2/3。

（3）“8”字缠绕法：在关节弯曲部位，将绷带跨越关节上、下来回缠绕成“8”字形，如在肘、腕、膝、踝部。在肩关节处绷带可绕过对侧腋窝和胸部，在髋关节处绷带应绕过对侧腰部，呈大“8”字形缠绕。另外，双肩通过腋窝向后的“8”字形绷带缠绕可用于锁骨骨折的固定。

（4）双绷带垂直加压法：在颅顶、肢端（肢体远端）等身体端部的绷带包扎（特别是加压包扎）时，可用两卷绷带互相加压呈垂直行缠绕。首先用环形法在身体端部四周横行缠绕固定，而后用另一卷绷带跨越身体端部创面缠绕至横行绷带略与其垂直，并被其压住，再折回缠绕，与横行绷带一起边缠边压，完全覆盖创面后，将垂直绷带折90°与横形绷带同做横行环绕，尾端固定。

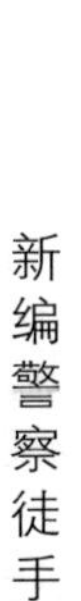

（三）固定

固定是指在骨折后，为了使折断的骨质得到休息和稳定骨折，防止闭合性骨折变为开放性骨折以及损伤血管、神经，减轻痛苦、防止休克，便于后送而采用夹板（木制或金属）、竹棍、木棍、枪支或健肢，以棉垫或布类垫于伤肢与夹板间，再用绷带或布条缠绕的方法，是徒手防卫与控制训练时损伤救护的重要步骤。固定时不必过分强调姿势和功能位置，以担抬或坐车均较为方便为宜，此种固定称为输送固定，在无医生在场时可采取此法；而进一步处理后的固定则要求满足肢体功能和治疗的长期需要而称为治疗固定，多在医疗机构完成。

1.自体简易固定法

在器材缺乏又急于送往医院的情况下，可将伤肢固定在健肢或躯干上，起临时固定作用。如上肢任何部位骨折，可用三角巾将肢体固定于胸壁上。下肢骨折最简单的方法是将伤肢固定于健肢上，并在踝部、膝部、大腿根部垫上棉垫隔开肢体，然后用绷带绷扎（缠绕）4道，即可达到固定的目的。

2.夹板固定法

可用木制或金属夹板、可塑性钢丝夹板或充气性塑料夹板（一种用塑料制成的圆筒形气囊，于充气情况下可使骨折肢体得到稳定，并对伤肢有加压止血作用）来固定上、下肢骨折。在紧急时可就地取材，使用枪支、雨伞、木棍、树枝等代替夹板，但要尽可能使长短、宽窄适合，夹板要放在伤部的下端或两侧，最好能固定伤口的上下方关节，以达到稳定骨折的目的。夹板固定后，及时检查松紧度、皮肤温度色泽，要求远端能摸到动脉搏动为宜，过紧易造成肢体缺血、坏死，过松又达不到固定骨折的目的。

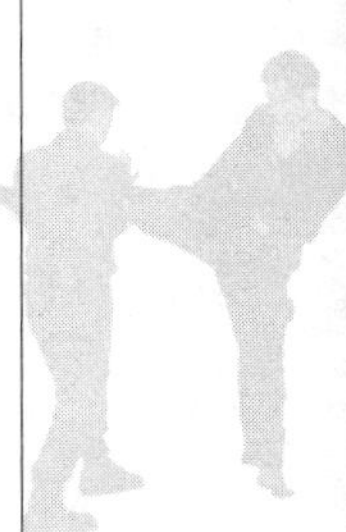

3.石膏固定法

携带可塑性石膏绷带，容易塑形，不易松脱，携带方便，是医院常常使用的较好固定材料。可用于四肢及躯干各个部位，以前臂及小腿用得最多。伤口流血渗液石膏变软，加上经常换药等因素，最好使用石膏夹板或石膏托固定，并在石膏附近伤口处垫一塑料薄膜，以保护石膏托不被伤口渗血浸湿而使石膏变软，石膏托外用普通绷带缠绕，并减少管型石膏的使用。

（四）搬运

习练者在徒手防卫与控制训练受伤时，经过急救处理后还需要送往医院进行下一步救治，如果没有车辆进行运送，可以进行徒手搬运，常用的徒手搬运方法有单人搬运法、双人搬运法、三人或多人搬运法。

①单人搬运法。可以采用扶持法、抱持法和背负法把伤者运往目的地。

②双人搬运法。可以采用椅托式、拉车式和平抬式进行搬运。

③三人或多人搬运法。可以三人并排将双手从伤员的头颈、臀部、双下肢伸到伤员对侧将伤员抱起，也可六人分两组面对面对立而站抱起伤员，此法强调协调一致、平稳轻巧。

（五）心肺复苏

1.人工呼吸

伤员仰卧，头部置于极度后仰位，打开口腔病盖上一层纱布，救护者一手托起患者下颌，掌根部轻压环状软骨，使其间接压迫食道，以防止吹入的空气进入胃内；另一手捏住患者鼻孔，深吸一口气后，对准患者口部吹入。吹完气后，立即松开捏住鼻孔的手，如此反复进行，每分钟吹气16~18次。

2.胸外心脏按压

伤员仰卧在模板或平地上，救护者双手掌重叠，以掌根部放在病人胸骨体的下半段，肘关节伸直，借助于自身的体重和肩臂肌的力量，适度用力下压，使胸骨体下半段和相连的肋骨下陷3~4厘米，随后立即将手放松（掌根不离开病人皮肤）如此反复进行。成人每分钟挤压60~80次；小儿用单手掌根挤压，每分钟挤压100次左右。

对呼吸心跳均停止的伤员，应同时进行上述两种急救措施。如为单人操作，按压频率与吹起之比为15∶2，反复交替进行，两人操作时，一人按压，一人吹气，每按5次，吹气1次，交替进行。

进行心肺复苏时，应沉着、冷静、迅速，急救一经开始，就要连续进行，不能间断。一直做到伤员恢复自主呼吸心跳或确定死亡为止。在抢救的同时，应迅速派人请医生来处理。

二、常见运动损伤的治疗

1.擦伤

小面积的擦伤，用1%~2%的红汞或龙胆紫涂抹。面部擦伤宜涂抹0.1%新洁尔灭溶液。大面积擦伤，伤口深，易受感染，需用2.5%碘酒和75%酒精在伤口周围消毒。用生理盐水棉球清除伤口异物，外敷生理盐水或0.1%雷夫奴尔纱布，再用绷带包扎。感染的伤口应每日或隔日换药。

2.挫伤

挫伤一般是由于人体遭受外力作用而引起该处及其深部组织产生闭合性损伤。单纯性挫伤在局部冷敷后外敷新伤药，加压包扎、抬高患肢。头部、躯干部和睾丸挫伤有休克症状出现者应首先进行抗休克处理，保温、止痛、止血、矫正休克后，立即送医院治疗，有肌肉、肌腱断裂者，应将肢体包扎固定后，送医院治疗。对于裆部严重挫伤者，首先进行检查，看外部是否出血，睾丸是否进入腹腔。如果有此两种情况应送至医院治疗，一般的裆部被击中，可采用一人抱住伤者腰部，自己托住裆部上跳得方法进行缓解。

3.肌肉拉伤

肌纤维轻度拉伤及肌肉痉挛者，用针刺疗法会取得显著疗效，肌纤维部分断裂者，早期用冷敷、加压包扎，还要把患肢放在使受伤肌肉松弛的位置以减轻疼痛。48小时后开始按摩，手法要轻缓。怀疑有肌肉、肌腱完全断裂者，应在局部加压包扎，固定患肢。立即送医院治疗，必要时还要接受手术治疗。

4.脑震荡

首先进行急救。立即让伤员平卧，保持安静，防寒或防暑，不可随意搬动和让伤员坐或站立。昏迷不醒者，可以掐人中或嗅以氨水使之苏醒。鉴于脑震荡可伴与颅内血肿或脑挫伤等病症，伤员经过休息后要卧床静息并严密观察，以便及时发现其他病变。

对脑震荡的治疗，一般嘱咐患者一两周时间内卧床休息，保持安静和良好的睡眠环境，消除思想顾虑，脑力即可恢复。此外，还可给予适当药物对症治疗，头痛者，可用去痛片；恶心呕吐者可服氯丙嗪；心情烦躁者可用安定，也可以配合针灸、按摩、中药等手段治疗。

如果发现患者有以下症状之一者，提示可能有严重的颅脑损伤，应当立即送医院治疗。①昏迷5分钟以上。②耳、口、鼻流脑脊液或血液。③清醒后头昏、恶心、呕吐剧烈。④两瞳孔不对称或变形。⑤清醒后有颈项强直或出现第二次昏迷。

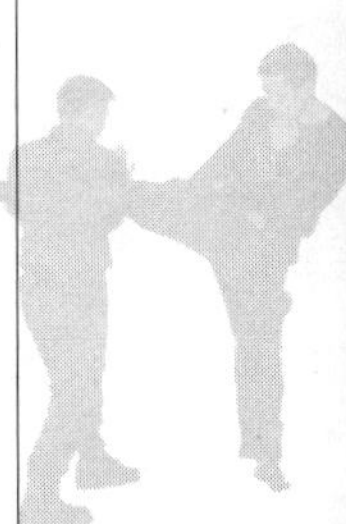

护送时患者平卧，头侧用衣物等固定，避免摇晃、震动，以免加重病情。

5.肩袖损伤

肩袖损伤使之肩部肌腱或合并肩峰下滑囊的损伤性炎症病变。病变急性期上臂置于外展30度位置，适当休息，理疗、针灸、按摩、外敷中药或痛点封闭，效果都较好。按摩时可用推、揉、滚等手法，配合选用肩髃、肩内陵、曲池、阿是穴等，最后活动运拉肩关节和上肢。怀疑有肌腱断裂者要送医院进一步检查和处理。

6.肘关节内侧软组织损伤

急性期患肢休息。症状缓解痛点集中之后可用强的松龙痛点封闭，效果良好。理疗、外敷中药或按摩都能收到较好的疗效。按摩手法有推、揉、分筋、理筋、点穴、肘关节屈伸运动等手法。

7.掌指关节、指间关节扭伤

轻度扭伤关节稳定性正常者，可于微屈位轻轻拔伸牵引，外擦舒活酒，轻捏数次，不揉不扳，然后用保护支持带将靠近伤侧的健指连同患指固定在一起。第三天开始练习主动屈伸活动。并继续外擦舒活酒。扭伤稍微有侧方活动者，宜用一块弓形小夹板放在掌侧将患指固定于半屈位，3周以后开始练习关节屈伸活动。扭伤有明显异常侧方活动或“锤状指”者，应当及时送骨科处理。手指解除固定后可用中药熏洗或理疗。

8.急性腰扭伤

①休息。伤后初期，宜仰卧于有垫子的木板床短期休息，腰部垫一薄枕以便放松腰肌，也可以与俯卧位相互交替，避免任何使受伤组织再受牵扯，以利于恢复。轻度扭伤休息2~3天，较重扭伤需要休息一周左右。

②按摩。伤后即可进行穴位按摩。取人中、扭伤、肾腧、大肠腧、委中等穴。手法强度应使病人有较强的酸麻胀感为宜。

③其他疗法。如外贴活络止痛膏，内服活络止痛药，火罐疗法、针灸疗法、局部注射强的松龙、理疗等，均有较好的疗效。

9.肘关节脱位

让患者取坐位，助手站在患者背后，用手握住伤肢上臂，术者一手握住伤肢腕部，另一手拇指抵住尺骨鹰嘴，与助手对抗牵引数分钟，然后逐渐使肘关节屈曲，即可复位。复位后，肘关节应适当固定于屈曲90度的位置上，并用三角巾悬挂患肢与胸前。需2~3周后方可除去，此间可同时用中药内服、外敷或理疗。

10.肩关节脱臼

一般采用手牵足蹬法最为简便可靠。患者仰卧，术者坐于患侧，双手握住伤肢腕部，并用足底深入患侧腑小（左肩用左足、右肩用右足），蹬住其附近的胸壁，徐徐拉伤肢，并同时逐渐向外旋转伤肢，此时肱骨头可自锁骨下，喙突下、盂下离开，自关节囊的破口滑入关节盂内。

11.骨折脱位

①开放性骨折脱位。首先进行止血、伤口消毒处理，用消毒巾包扎，并做临时固定，然后转送医院治疗。不要将突出于创口外地骨端回纳，以免感染。

②闭合性骨折脱位。应在最短时间内对伤员就地实行整复手术。在损伤的短时间内，组织出血和肿胀尚未达到最高值，容易复位，对组织的再损害少，伤员的痛苦程度小。复位后及时用夹板固定。如果骨折复杂或畸形明显有碍固定的伤者，可缓缓用力顺势牵拉，适当矫正畸形，再做固定，以利于向医院转送。凡是伤处未经过固定处理均不可搬动。以免加重损伤或发生休克。

12.休克

①调整体位。使伤员处于正确体位，将下肢抬高至与躯干成10度的高度。以增加回心血量。改善脑部血流和缺氧状况。

②保暖。给伤员盖上保暖衣物，以免受凉，防止病情恶化。、

③保持呼吸道畅通。休克时常伴有呼吸困难、气体交换不良等，治疗时应当先清除伤者口腔内的异物，将舌头牵出，保持其呼吸道畅通。同时检查其瞳孔、脉搏、呼吸等情况。严重者可以进行胸外心脏按压和人工呼吸。

三、损伤的康复

古语有云“伤筋动骨一百天”，因此在徒手防卫与控制训练产生损伤并经过治疗后，通常需要经过一段时间后才能进行正常的训练。要想在伤后恢复到原来的机能水平，伤后康复训练时必不可少的。通过正常的康复训练，可以使习练者保持良好的训练状态，缩短重新投入正规训练的间期，减少伤后停训产生的体重增加幅度，防止“停训综合征”的产生和老伤复发现象的出现。更重要的是，伤后训练可以改善伤部组织的代谢和营养，有利于组织的康复，减少组织粘连、关节僵硬及活动受限并且维持神经肌肉的紧张度，防止肌肉、骨骼的失用性萎缩，最大限度地维持伤部的运动能力。

伤后训练是一项细致、复杂、严肃的工作，需要注意以下几方面的问题：

（1）尽量保持全身和未伤部位的训练。但是每次训练前必须做好准备活动，受伤部位最好使用保护支持带。经常注意伤部反应，根据实际情况进行必要的医务监督。有条件的可以在训练前后开展按摩和理疗。

（2）已伤部位要合理安排锻炼内容和运动量。急性损伤早期，受伤部位在伤后24或48小时之内不能进行运动，以免再度出血，增加肿胀和疼痛。一旦过后症状有所减轻，就应当及早开始活动，适当进行功能锻炼。轻伤，可以趁早，较重者可以适当推后。对于慢性损伤，伤后训练非常必要，但是在安排训练时，应当搞清楚损伤的性质和程度、受伤原理、局部组织的结构特点，或者

遵照医生嘱托，安排适当的运动量，康复运动训练的形式和内容。从对伤情影响较轻的动作开始逐渐过渡到专项辅助训练。运动量的大小以练习后症状无明显疼痛并且经过一晚休息后症状未见加重为宜，一般5~6天之后，若无不良反应，才可以开始增加运动量。

（3）加强伤部有关肌肉的力量练习和关节功能练习。徒手防卫与控制容易导致对肌肉和关节功能有很大的要求。如果，伤后不能重新恢复到一定水平，以后徒手防卫与控制的水平将会有较大下降，因此，要在伤后尽力发展伤部肌肉的负担能力，提高组织结构的适应性，恢复关节、肌肉的正常功能。在练习方式上可以采取静力性练习与动力性练习相结合、力量性训练与柔韧性练习相结合的方式。但是，注意一般以静力性练习开始，然后逐步结合动力性练习，先不进行负重的练习，逐渐增加负重练习。

第三章
徒手防卫与控制的基本功法训练

【学习目标】

1．熟练掌握警察防卫与控制技术的基本手型、步型、基本姿势及步法，为今后学习防卫与控制技术奠定基础。

2．通过训练大力发展学员的柔韧性、力量、速度、灵敏性等身体素质。

3．通过倒功、抢背等训练提高学员的自我保护意识及心理素质，并增强其抗震能力。

第一节　基本手型与步型

一、手型

手型是指动作完成后，手部所呈现的静止姿势。常见的手型有：

（一）拳

动作说明：除拇指外的其余四指并拢握紧，拇指扣压在食指和中指的第二指节上即成拳。

各部位名称：拳眼、拳心、拳面、拳背、拳轮。如图3-1-1。

动作要点：拳心握实，拳面平，手腕要平直。

易犯错误：拳面不平、手腕不平直。

纠正方法：理解拳的攻防作用，手背贴墙握拳。

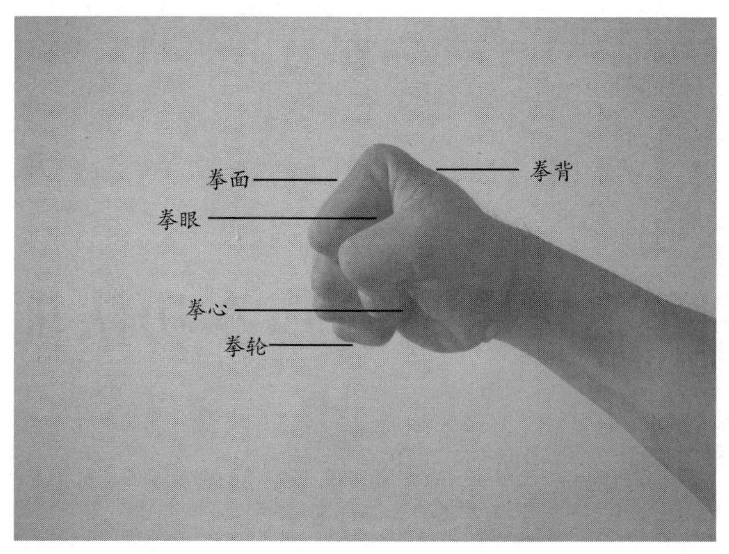

图3-1-1

（二）掌

动作说明：除拇指外的其余四指并拢伸直，拇指扣压于虎口处即成掌。

各部位名称：掌心、掌背、掌指、掌根、掌外沿。如图3-1-2。

动作要点：掌心展开、竖指。

易犯错误：松指、掌背外凸。

纠正方法：理解掌的攻防作用，手心贴墙成掌。

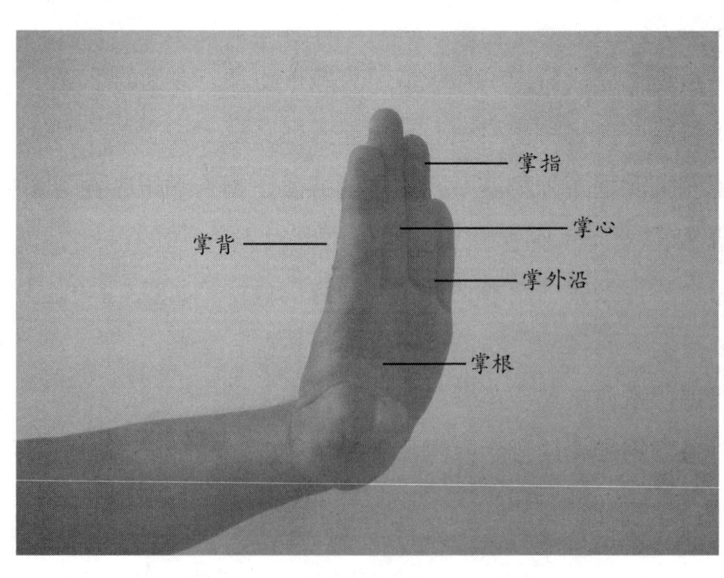

图3-1-2

（三）勾

动作说明：五指 拢，屈腕即成勾。

各部位名称：勾尖、勾顶。如图3–1–3。

动作要点：屈腕。

易犯错误：松指，腕没有扣紧。

纠正方法：理解勾的攻防作用。

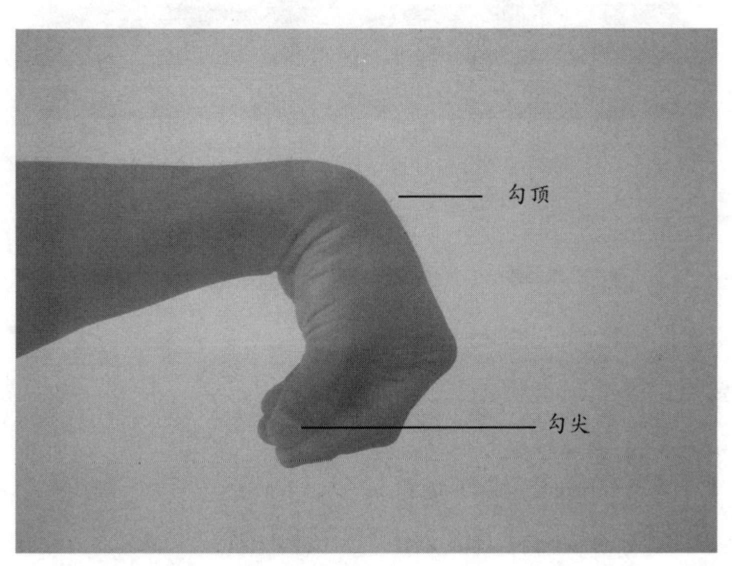

图3–1–3

二、步型

步型是步法动作完成后，腿部形成的固定姿势。

（一）弓步（以左弓步为例）

动作说明：左脚向前一大步，脚尖微内扣，全脚掌着地，屈膝半蹲，大腿成水平，膝部约与脚面垂直；右腿挺膝伸直，脚尖里扣斜向前方，全脚掌着地，上体正对前方，两手抱拳于腰间。如图3–1–4。

动作要点：挺胸，立腰；前腿弓、后腿绷。

易犯错误：①后脚拔跟或外掀脚掌。

②后腿屈膝。

③上体前倾。

纠正方法：①强调脚跟蹬地。

②强调挺膝蹬地。

③强调沉髋。

图3-1-4

（二）马步

动作说明：两脚开立约为脚长三倍宽，脚尖朝前，屈膝半蹲，大腿成水平，重心落于两腿之间。如图3-1-5。

动作要点：头正、挺胸、立腰、扣足。

易犯错误：①脚尖外撇。

②两脚距离过大或过小。

③弯腰跪膝。

纠正方法：①强调脚跟外蹬。

②量出三脚距离后，再下蹲成马步。

③强调挺胸立腰后再下蹲，膝盖垂线不得超过脚尖。

图3-1-5

（三）虚步

动作说明：两脚前后站立，后脚尖斜向前，屈膝半蹲，大腿接近水平，全脚掌着地；前腿微曲，脚面绷紧，脚尖虚点地面。如图3-1-6，图3-1-7。

动作要点：挺胸、立腰、虚实分明。

易犯错误：①虚实不清。

②支撑腿蹲不下去。

纠正方法：①等支撑腿下蹲后，前脚尖再着地。

②脚尖外展，先做高姿势练习，并多做腿部力量练习。

图3-1-6

图3-1-7

（四）仆步

动作说明：一腿屈膝全蹲，另一腿伸直平铺地面，脚尖内扣，两脚全脚掌着地。如图3-1-8。

动作要点：挺胸、立腰、开髋，全脚掌着地。

易犯错误：①平铺腿不直，脚外侧掀起，脚尖上翘外展。

②全蹲腿未蹲到底，脚跟提起。

③上体前倾。

纠正方法：①平铺腿的脚外侧抵住固定物，使之正确。

②增加踝关节柔韧性，强调腿平铺时沉髋、拧腰。

③先把姿势放高点，挺胸、立腰后再下蹲。

图3-1-8

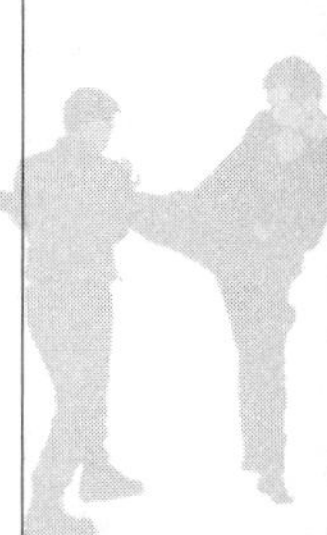

第二节 徒手防卫与控制的基本姿势与步法

一、实战姿势（格斗姿势）

实战姿势（格斗姿势）是警察与违法行为人或犯罪嫌疑人防卫与控制前所采取的临战身体姿势。这种身体姿势既便于防守，又便于进攻。一是使身体受击打面积相对较小；二是保证身体相对稳固又便于动作启动；三是有利于发动进攻或防守和防守反击。

动作说明：（以左式为例）两脚自然开立，前后分开与肩同宽或稍宽于肩，左脚在前稍内扣，右脚在后脚尖外展约35°，两膝微曲，重心在两腿之间，并压在两脚前脚掌，后脚跟稍提踮离地；双手屈臂上抬，前手大小臂夹角大于90°，拳高不过眼，后手大小臂夹角约成45°，肘部贴于肋侧，右拇指打开可触摸右腮为度。松肩坠肘，含胸收腹，下颌略内收，目视前方。如图3-2-1，图3-2-2。

动作要点：侧身，膝微曲有弹性，重心在两腿之间，松肩坠肘，含胸收腹敛臀。

易犯错误：①身体太正，侧身不够。

②肩臂紧张，肌肉僵硬。

③身体重心偏前或偏后。

纠正方法：①强调减小受击打面积，要求身体平面与进攻方向夹角45°。

②深呼吸吐气后，手臂自然下垂，放松状态时，虚握拳抬小臂。

③前后交替微抬脚练习。

图3-2-1

图3-2-2

二、警戒姿势

戒备姿势是在格斗姿势的基础上发展而产生的，是警察对可疑人员或违法行为人和查控对象采取防卫与控制前所采用的临战警惕身体姿势。这种身体姿势既便于警察使用武力的升级，又便于防守和防守反击；在情况不明的状态下，可以避免激化矛盾，给警察执法造成被动局面。

（一）侧身戒备姿势

动作说明：身体及腿部姿势同格斗姿势，两脚全脚掌着地，手臂自然放松下垂，双手自然放于体侧，神态自然，目视目标，保持一定戒备状态。如图3–2–3，图3–2–4。

动作要点：重心在两腿中间，外松内紧。

易犯错误：①膝关节僵直。

②身体重心有偏移。

③身体正对目标。

纠正方法：①强调膝关节要有弹性，并通过屈膝伸膝小幅度上下升降重心练习。

②前后交替微抬脚练习。

③强调减小受击打面积，要求身体平面与目标方向夹角135°。

图3–2–3

图3–2–4

（二）搭手戒备姿势

动作说明：身体及腿部姿势同侧身戒备姿势，左手在腹前搭扣右手腕，掌心向内，神态自然，目视目标，保持较高戒备状态。如图3–2–5，图3–2–6。

动作要点：重心在两腿中间，外松内紧。

易犯错误：①膝关节僵直。

②身体重心有偏移。

③身体正对目标。

纠正方法：①强调膝关节要有弹性，并通过屈膝伸膝小幅度上下升降重心练习。

②前后交替微抬脚练习。

③强调减小受击打面积，要求身体平面与目标方向夹角135°。

图3-2-5

图3-2-6

（三）扶带戒备姿势

动作说明：身体及腿部姿势同侧身戒备姿势，双手分别置于武装带上左右腹前，拇指扣于武装带内侧（或置于预使用的警械位置），全神贯注于目标的一举一动，保持戒备防范状态。如图3-2-7，图3-2-8。

动作要点：全神贯注、戒备防范。

易犯错误：①膝关节僵直。

②身体重心有偏移。

③身体正对目标。

纠正方法：①强调膝关节要有弹性，并通过屈膝伸膝小幅度上下升降重心练习。

②前后交替微抬脚练习。

③强调减小受击打面积，要求身体平面与目标方向夹角135°。

图3-2-7

图3-2-8

（四）提手戒备姿势

动作说明：身体及腿部姿势同侧身戒备姿势，双手成掌屈臂上提，略高于肩（略同格斗姿势——拳变掌），全神贯注于目标的一举一动，保持戒备防范状态。如图3–2–9，图3–2–10。

动作要点：全神贯注、戒备防范。

易犯错误：①膝关节僵直。

②身体重心有偏移。

③身体正对目标。

纠正方法：①强调膝关节要有弹性，并通过屈膝伸膝小幅度上下升降重心练习。

②前后交替微抬脚练习。

③强调减小受击打面积，要求身体平面与目标方向夹角135°。

图3–2–9

图3–2–10

三、步法

步法是指警察施用防卫与控制技能时，为稳定重心、控制距离、掌握节奏、变换位置、寻找时机所采用的身体移动方法。它是攻防技法得以实现的基础，拳谚“步慢则拳慢”阐明了步法的要义，认真学习和训练步法，是提高警务实战技能的重要环节之一。

（一）滑步

1.前滑步

动作说明：格斗姿势站立，后脚蹬地的同时，前脚向前进半步，后脚迅速跟进半步（距离相等），移动后迅速恢复格斗姿势。如图3–2–11，图3–2–12，图3–2–13。

动作要点：进步的距离不可过长，后脚跟进后姿势不变，进步与跟步的节

奏越快越好。

易犯错误：①移动过程中，脚离地过高，重心有明显起伏。

②脚蹬地无力，重心跟进不及时。

③动作完成时，不能迅速恢复格斗姿势。

纠正方法：①强调脚贴近地又不触磨地的移动，移动中保持上体的稳定。

②保持格斗姿势，两脚交替支撑重心练习，并加强腿、踝力量训练。

③移动幅度稍小，再渐渐增大幅度，要求尽量缩短动作完成时间。

动作应用：用以迅速接近对方，起到调整距离、把握时机、打击和控制对方的作用。

图3-2-11

图3-2-12

图3-2-13

2.后滑步

动作说明：格斗姿势站立，前脚蹬地的同时，后脚向后退半步，前脚迅速跟着退半步（距离相等），移动后迅速恢复格斗姿势。如图3-2-14，图3-2-15，图3-2-16。

动作要点：退步的幅度不宜过大，两脚要保持平行，以维持身体的平衡。

易犯错误：①移动过程中，脚离地过高，重心有明显起伏。

②脚蹬地无力，重心跟进不及时。

③动作完成时，不能迅速恢复格斗姿势。

纠正方法：①强调脚贴近地又不触磨地的移动，移动中保持上体的稳定。

②保持格斗姿势，两脚交替支撑重心练习，并加强腿、踝力量训练。

③移动幅度稍小，再渐渐增大幅度，要求尽量缩短动作完成时间。

动作应用：用以迅速摆脱对方，起到调整距离，伺机反击进攻的作用。

图3–2–14

图3–2–15

图3–2–16

3.左滑步

动作说明：格斗姿势站立，后脚蹬地的同时，前脚向左移半步，后脚迅速跟进半步（距离相等），移动后迅速恢复格斗姿势。如图3–2–17，图3–2–18，图3–2–19。

动作要点：滑步时动作要快速敏捷，重心平稳，上体姿势不变，步幅可大可小。

易犯错误：①移动过程中，脚离地过高，重心有明显起伏。

②脚蹬地无力，重心跟进不及时。

③动作完成时，不能迅速恢复格斗姿势。

纠正方法：①强调脚贴近地又不触磨地的移动，移动中保持上体的稳定。

②保持格斗姿势，两脚交替支撑重心练习，并加强腿、踝力量训练。

③移动幅度稍小，再渐渐增大幅度，要求尽量缩短动作完成时间。

动作应用：用以迅速躲闪对方正面进攻，或移至对方身侧，创造机会进攻或反击。

图3–2–17

图3–2–18

图3–2–19

4.右滑步

动作说明：格斗姿势站立，前脚蹬地的同时，后脚向右移半步，前脚迅速跟着右移半步（距离相等），移动后迅速恢复格斗姿势。如图3–2–20，图3–2–21，图3–2–22。

动作要点：滑步动作要快速敏捷，重心平稳，上体姿势不变，步幅可大可小。

易犯错误：①移动过程中，脚离地过高，重心有明显起伏。

②脚蹬地无力，重心跟进不及时。

③动作完成时，不能迅速恢复格斗姿势。

纠正方法：①强调脚贴近地又不触磨地的移动，移动中保持上体的稳定。

②保持格斗姿势，两脚交替支撑重心练习，并加强腿、踝力量训练。

③移动幅度稍小，再渐渐增大幅度，要求尽量缩短动作完成时间。

动作应用：用以迅速躲闪对方正面进攻，或移至对方身侧，创造机会进攻或反击。

图3–2–20

图3–2–21

图3–2–22

（二）闪步

1.左闪步

动作说明：格斗姿势站立，左脚向左前方迈一小步，落地的同时身体迅速向右后转（转动弧度不大于90° ），带动右腿向右后方移动，迅速还原格斗姿势。如图3–2–23，图3–2–24，图3–2–25。

动作要点：步法轻灵，转体躲闪灵活、敏捷。

易犯错误：①转体弧度大于90° ，或前后脚转动角度不一致。

②重心不稳，身体前后晃动。

纠正方法：分解练习多次反复体会。

动作应用：用以迅速躲闪对方正面进攻，调整方向，创造机会进攻或反击。

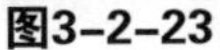
图3-2-23

图3-2-24

图3-2-25

2.右闪步

动作说明：格斗姿势站立，右脚向右前方迈步，落地的同时身体迅速向左后转，带动左腿向左后方移动，迅速成右格斗姿势。如图3-2-26，图3-2-27，图3-2-28。

动作要点：步法轻灵，转体躲闪灵活、敏捷。

易犯错误：同左闪步。

纠正方法：同左闪步。

动作应用：同左闪步。

图3-2-26

图3-2-27

图3-2-28

（三）垫步

动作说明：格斗姿势站立，后脚蹬地向前脚跟并拢，同时，前脚屈膝提起，还原成格斗姿势。如图3-2-29，图3-2-30，图3-2-31。

动作要点：后脚向前脚并拢要疾速，提膝不脱节。

易犯错误：身体向前移时，向上腾空。

纠正方法：分解练习多次反复体会。

动作应用：用以快速接近或起腿进攻和防守。

图3-2-29　图3-2-30　图3-2-31

（四）盖步

动作说明：格斗姿势站立，右脚脚尖外摆向左脚前迈步，两膝微曲，重心前移，迅速还原成格斗姿势。如图3-2-32，图3-2-33，图3-2-34，图3-2-35。

动作要点：迈步身不转，重心不起伏。

易犯错误：①迈步前移时，身体转动。

②步幅过大，重心起伏，移动不迅速。

纠正方法：分解练习多次反复体会。

动作应用：用以调整距离。

图3-2-32　图3-2-33

图3-2-34　图3-2-35

（五）插步

动作说明：格斗姿势站立，重心后移，左脚向右脚后移步，右脚蹬地，两膝微曲，迅速还原成格斗姿势。如图3-2-36，图3-2-37，图3-2-38，图3-2-39。

动作要点：插步时身体不转动，左侧仍与对手相对，插步后迅速还原成格斗姿势。

易犯错误：插步时身体转动，身体腾空。

纠正方法：分解练习多次反复体会。

动作应用：用以拉开距离，重新组织进攻，称为“跳出圈外”。

图3-2-36

图3-2-37

图3-2-38

图3-2-39

第三节　柔韧性训练

一、肩臂训练

肩臂训练主要是增进肩关节柔韧性，加大肩关节的活动范围，发展肩臂力量，提高上肢运动的敏捷、环转等能力，为学习和掌握徒手防卫与控制提供必备的专项身体素质。主要训练方法有：压肩、拉肩、锁臂等。

1.压肩

动作说明：面向肋木或一定高度的物体，距离一大步，两脚左右开立（与肩同宽），双手抓握肋木，上体前俯（挺胸、塌腰、收髋）做上下振动压肩训练。利用肋木压肩时可以由另外一人随练习者下压振动时用手一起下压。也可以两人相向站立，互相扶按肩部一起做提前屈的振动压肩练习。如图3–3–1。

动作要点：两臂、两腿要伸直，振动幅度应逐渐加大；增加助力时应由小到大。

图3–3–1

2.拉肩

动作说明（以右侧为例）：两脚左右开立，右臂上举后屈肘，右手搭后背，左手经脑后抓握右肘关节，左手用力将右肘向左侧拉。如图3–3–2，图3–3–3。

动作要点：右臂放松，减少抗力。

图3–3–2

图3–3–3

3.锁臂

动作说明（以右侧为例）：两脚左右开立，右臂前平伸后向内平收与胸前，左臂屈肘由外向里锁扣右肘关节，用力向里拉。如图3-3-4，图3-3-5。

动作要点：身体不要随力转动。

图3-3-4

图3-3-5

二、腿部训练

主要是发展腿部的柔韧性、灵活性和力量等身体素质。主要训练方法有：压腿、劈腿、踢腿等几类。

（一）压腿

1.正压腿

动作说明：面对肋木或一定高度的物体，左腿挺膝伸直脚跟架在肋木上，脚尖朝上，双手扶住肋木；右腿呈挺膝站立，脚尖面向肋木，上体前屈，做向前、向下振动下压。练习时，左右腿交替进行。如图3-3-6，图3-3-7。

动作要点：①直体向前、向下正压。

②逐渐加大振幅、逐步提高腿部柔韧性。

易犯错误：两腿不直，送髋。

纠正方法：①先使学生明确动作说明、压腿的意义与作用，并强调动作的规范。

②先做低压腿，双手抓住被压脚掌，被压腿异侧的肩、胸部前送。

图3-3-6

图3-3-7

2.侧压腿

动作说明：侧对肋木或一定高度的物体，右脚支撑，脚尖外撇；左腿挺膝伸直，脚跟架在肋木上，脚尖勾起朝上。两腿伸直，立腰、开髋，左臂落于左腿内侧，上体向左侧振压。练习时，左右脚交替进行。如图3–3–8，图3–3–9。

动作要点：①直体向前、向下正压。

②逐渐加大振幅、逐步提高腿部柔韧性。

易犯错误：两腿不直，上体体前侧屈。

纠正方法：①先使学生明确动作说明、压腿的意义与作用，并强调动作的规范。

②支撑脚外撇，被压腿侧髋关节前送，同侧肩向里藏。

图3–3–8

图3–3–9

3.仆步压腿

动作说明：两腿左右开立（宽约本人脚长4.5倍），右腿屈膝下蹲，全脚掌着地；左腿挺膝伸直，脚尖里扣。双手抓握左脚外侧，成坐仆步。练习时，左右仆步交替进行。如图3–3–10。

动作要点：挺胸、塌腰、沉髋，臀部尽量贴近地面。

易犯错误：身体前俯，平铺脚掀脚，支撑脚拔脚跟。

纠正方法：①强调挺胸、塌腰、沉髋。做动作时先观察动作是否规范。

②练习时脚趾扣地，反复多次的练习。

图3–3–10

（二）劈腿

1.竖劈

动作说明：两手左右扶地或两臂侧平举，两腿伸直前后分开成直线。左腿后侧着地，脚尖勾起；右腿内旋，膝盖朝下。两脚前后顺序交换进行练习。如图3–3–11。

动作要点：挺胸、立腰、沉髋、挺膝。

图3–3–11

2.横劈

动作说明：两手体前扶地或两臂侧平举，两腿伸直左右分开成直线，脚内侧着地。如图3–3–12。

动作要点：挺胸、立腰、沉髋、挺膝。

图3–3–12

（三）踢腿

1.正踢腿

动作说明：两脚并立，双手成掌侧平推，两眼平视前方。左脚向前上半步，左腿支撑，右脚勾脚尖向前额上方踢。练习时两腿交替进行。如图3–3–13，图3–3–14。

动作要点：挺胸、立腰、踢腿时脚尖勾起绷落或勾起勾落。踢腿时过腰加速。

易犯错误：支撑脚屈膝和拔脚跟，身体前倾或后仰。

纠正方法：①踢腿时支撑腿挺膝，脚趾扣地。

②下颚微收、头上顶、立腰，两臂侧平推。

图3-3-13

图3-3-14

2.外摆腿

动作说明：并步侧推掌，两眼平视前方，右脚向前上半步；左脚勾脚尖，向右侧上方踢起，至最高点后经脸前向左侧上方摆动，直腿落在身体左斜前方。左手可在左侧上方做击响，如图3-3-15，图3-3-16，图3-3-17。

动作要点：挺胸、塌腰、髋关节外展，外摆腿摆动幅度要大并做扇形运动。

易犯错误：支撑脚屈膝和拔脚跟，外摆速度慢、幅度小。

纠正方法：①踢腿时支撑腿挺膝，脚趾扣地。

②多做按口令节奏练习，多做提高髋关节柔韧性、灵活性专门练习。

图3-3-15

图3-3-16

图3-3-17

3.里合腿

动作说明：并步侧推掌，两眼平视前方，右脚向前上半步；左脚勾脚尖，向上方踢起，至最高点后经脸前向左侧上方摆动，直腿落在右脚外侧。左手可在左侧上方做击响。如图3-3-18，图3-3-19，图3-3-20。

动作要点：挺胸、塌腰、髋关节里合，里合腿摆动幅度要大并做扇形运动。

易犯错误：支撑脚屈膝和拔脚跟，里合速度慢、幅度小。

纠正方法：①踢腿时支撑腿挺膝，脚趾扣地。

②多做按口令节奏练习，多做提高髋关节柔韧性、灵活性专门练习。

图3-3-18

图3-3-19

图3-3-20

三、腰部练习

1.侧拉腰

动作说明：侧向肋木，两脚并步站立，左手抓握肋木横杆；右手经头顶抓握肋木横杆，髋关节向右侧振动，之后做静力性拉伸。练习时左右两侧交替进行。如图3-3-21。

动作要点：两腿挺膝伸直，挺胸、塌腰、送髋，向侧向折体。

图3-3-21

2.涮腰

动作说明：两脚左右开立，与肩同宽或略宽于肩，两臂前平举。以髋关节为轴，上体前俯，两臂沿顺时针方向做翻转绕环。如图3-3-22，图3-3-23，图3-3-24，图3-3-25。

动作要点：翻转绕环幅度要大，充分后仰。

图3-3-22

图3-3-23

图3-3-24

图3-3-25

3.下腰

动作说明：两脚左右开立，与肩同宽或略宽于肩，两臂伸直上举。向后弯腰，双手撑地成桥型。如图3-3-26。

动作要点：挺膝、挺髋，腰向上顶，脚跟不离地面。

图3-3-26

第四节　力量性训练

力量是人体活动必备的身体素质之一，是完成防卫与控制技术的保障，发展力量是发展其他身体素质的基础，提高身体各部位肌肉力量是提高防卫与控制技术动作质量和效率有重要作用。

一、身体各部位常用训练方法

（一）发展手臂力量

1.俯卧撑

俯身向前，手掌撑地，手指向前，两臂伸直，两手撑距同肩宽，两腿向后伸直，两脚并拢以脚尖着地。两臂屈肘向下至背低于肘关节，接着两臂撑起伸直成原来姿势。如图3–4–1，图3–4–2。

图3–4–1

图3–4–2

2.双杠屈臂撑

动作说明是两臂屈伸在双杠上，身体垂直在杠内，屈臂至两臂完全弯曲，接着用力撑起，使两臂伸直成原来姿势。如图3–4–3，图3–4–4。

图3–4–3

图3–4–4

3.单杠引体向上

两手正握或反握单杠，握距同肩宽，两脚离地，两臂伸直，身体悬垂。引体发力身体向上拉至头过杠面，然后身体慢慢垂下来成原来姿势。如图3-4-5，图3-4-6。

图3-4-5

图3-4-6

4.负重卧推

仰卧在推架上，调整好呼吸(用力时应先吸气)，双手握紧张杠铃，双手距离略宽于肩，然后把放在架上的杠铃举起，在适当的控制之下慢慢放低杠铃至胸部，轻触胸部的瞬间再立刻出力上举直至两臂伸直状态。如图3-4-7，图3-4-8。

图3-4-7

图3-4-8

（二）发展腰部力量

1.元宝收腹

平躺于地上，两手伸直；腰腹发力，两腿及双臂向上收至手掌与脚背相触。如图3-4-9，图3-4-10。

图3-4-9

图3-4-10

2.背起

俯卧地上或凳子上，两腿固定，双手抱头；腰背及双腿同时向上收，之后还原成俯卧姿势。如图3-4-11，图3-4-12。

图3-4-11

图3-4-12

3.仰卧起坐

身体仰卧伸直，双手抱头，两腿伸直，收腹躯体进行仰卧起坐练习。如图3-4-13，图3-4-14。

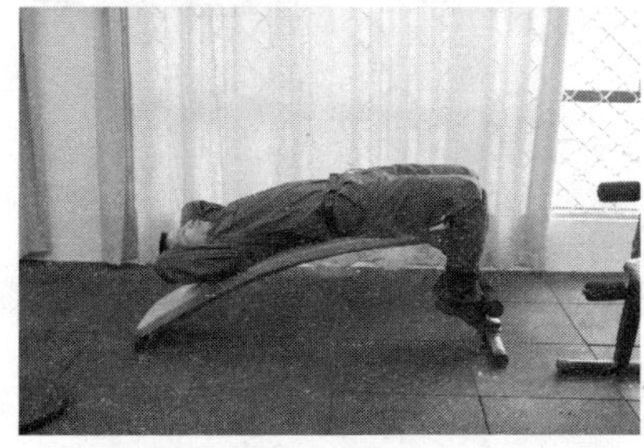

图3-4-13

图3-4-14

4.收腹举腿

身体自然悬挂于垂直肋木，双手紧握肋木，两腿并拢，用力收腹，使两腿上抬，做收腹举腿运动。如图3-4-15，图3-4-16。

图3-4-15

图3-4-16

（三）发展指力

1.指卧撑

俯身向前，五指张开撑地，两臂伸直，两手撑距同肩宽，两腿向后伸直，

两脚并拢以脚尖着地。两臂屈肘向下至背低于肘关节，接着两臂撑起伸直成原来姿势。如图3–4–17，图3–4–18。

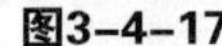

图3–4–17

图3–4–18

2.握力器

右手四指及掌跟部位各持握力器一侧，四指回收，将握力器握拢。如图3–4–19，图3–4–20。

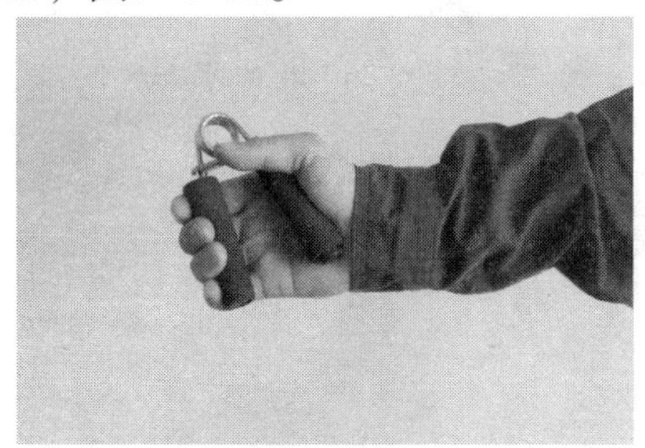

图3–4–19

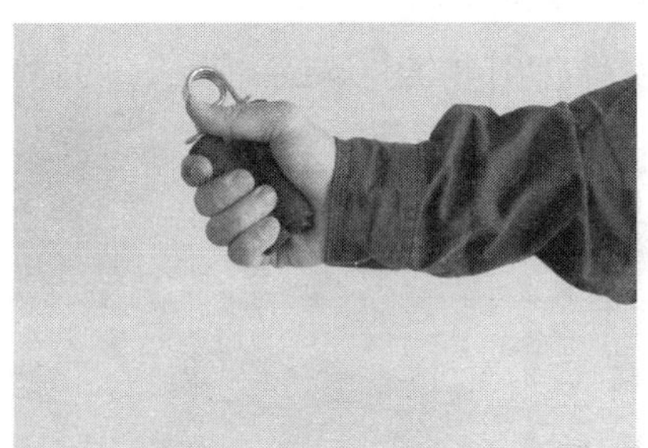

图3–4–20

（四）发展腿部力量

1.蛙跳

两腿开立，与肩同宽，屈膝下蹲，双臂前摆的同时两脚发力向前蹬跳，落地后屈膝下蹲。如图3–4–21，图3–4–22，图3–4–23。

图3–4–21

图3–4–22

图3–4–23

2.收腿跳

两腿并拢，屈膝下蹲，双臂上摆的同时两脚发力下上跳，同时两腿屈膝向上收紧大腿与上体相贴近。如图3–4–24，图3–4–25，图3–4–26。

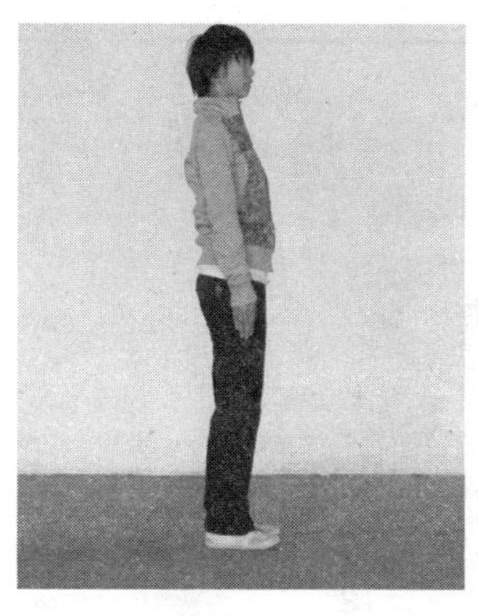

图3-4-24

图3-4-25

图3-4-26

3.负重蹲起

练习者面向墙面，一人骑坐在练习者两肩上，练习者下蹲、站起反复进行。也可使用杠铃进行练习。如图3-4-27，图3-4-28。

图3-4-27

图3-4-28

4.双人蹲跳

两人背向站立，两肘相挎，屈膝下蹲，一人正跳，另一人反跳，向规定方向跳进。如图3-4-29，图3-4-30，图3-4-31，图3-4-32。

图3-4-29

图3-4-30

图3-4-31

图3-4-32

二、要求和注意事项

发展力量训练应使局部力量与整体力量相结合，要科学安排和调整运动负荷。可采用强度大、重复次数少的方法，开始可从小负荷练起，以后逐渐加大负荷。力量训练要与其他非力量训练或放松练习交替进行，以增强肌肉的弹性。力量训练要合理安排，通常每周不超过3次。

第五节 速度训练

速度素质是指人体快速运动的能力，即在单位时间内迅速完成某一动作或通过某一段距离的能力。它是反应速度、动作速度和动作频率的综合表现。速度素质训练不仅可以使人体大脑皮层兴奋，更快地动员呼吸、循环系统活动的能力，还可以有效地发展人体的灵活性、协调性，提高快速反应的能力。速度素质在实战中起着至关重要的作用。

一、训练方法

（一）反应速度训练

反应速度训练是为了提高人体接受某一信号后快速做出相应动作的反应能力，反应速度越快越好。反应速度训练主要通过递招喂靶、条件对抗及模拟实战对抗的方式进行。反应速度训练应尽可能在模拟实战的条件下进行，以达到缩短对复杂情况反应时间的目的。

（二）动作速度训练

动作速度是快速完成攻防动作的能力，受训者在训练中不仅要快速完成动作，而且要能在一定的时间内保持持续快速完成动作的能力。其训练方法有：

1.移动速度训练

采取负重变量训练。如身上负重和腿系沙袋疾跑或按基本步法快速移动，并视情增减负重，以提高移动速度。

2.击打速度训练

爆发力越强，击打速度越快。因此，必须突出爆发力训练。方法一是，做动作前全身相对放松，出拳（腿）击中目标的瞬间，肌肉突然收紧并随即放松使全身之力定向、定点突然释放，同时要提高全身肌肉松紧互换的频率，以提高连续快击的能力；方法二是，采取负重变量的训练，如马步推砖、戴重拳套和腿系沙袋空击或击打吊袋，并视情增减负重，以提高击打速度和爆发力。

二、要求和注意事项

要以最快的速度完成训练动作，采取的动作应视受训者已熟练掌握的正确动作；击打动作练习持续时间一般不应超过20 秒；专门性的动作速度练习应与实战对抗动作相一致；训练时要掌握好练习的间歇时间。

第六节　灵敏性训练

灵敏素质，是指人体在各种复杂情况下，快速、协调、准确、灵活地完成动作的能力。它是运动技能和各种素质在运动过程中的综合表现。灵敏素质的训练. 有助于人体在多变的工作环境中，迅速改变身体位置，调整身体重心和方位，充分发挥机体的速度、力量、耐力，合理运用技战术，提高实战效果。

1.闪躲跑

画两条平行线，相距30米，每隔6米放一把椅子。练习者俯卧在起跑线外，头向正前方，两腿伸直，屈肘，两手放在两肩外侧。听到起跑信号后，练习者起身快跑30米，触及或跑过另一线，转身再跑回来，然后，闪躲跑过4把椅子。3次为一组，重复2组。

练习时，要求采用分组计时比赛的形式。

2.收腹跳

原地双脚跳起，腾空后两腿上收，双手抱膝，下落时还原，5次为一组，重复5组。

练习时，要求腾空要尽量高，认真完成动作。

3.退跑变疾跑

向前侧滑步5米，再转身做后退跑5米，然后用疾跑返回，重复3次。

练习时，要求变换动作速度要快。

4.障碍跑

在地上插10面间距2米的小旗，起跑后，蛇形穿过小旗，返回时用后退跑蛇形穿过小旗。5次为一组，重复两组。

后退跑时，注意安全。

5.躲闪练习

二人站在直径2.5米的圆圈内，做1对1巧摸对方双肩练习，同时计算30秒内的摸中次数，重复两组。

练习时，要求在规定范围内进行练习。

6.听信号接球

两人一组背向站立，相距5米，传球者发出信号后迅速将球传向练习者，练习者立即转身接球，练习者必须将球接住。30次为一组，重复两组。

练习时，两人距离可由远到近，传球者可变换传球速度、传球方向。

7.听声接球

①接球人坐在地上，传球者在其背后将球用力抛向地面，接球人听到声音后迅速起身将球接住。

②俯卧或仰卧在地上，同样方法接球10次为一组。重复四组。

练习时，球弹起高度不超过2米。

8.拳击步——转身跑

两腿前后开立约与肩同宽，左脚在前，右脚蹬地，左脚向前一步，右脚快速跟上，前进5米左右，听或看到信号转加速身跑20米，重复5组。

拳击步移动时，注意动作的协调、连贯、一致。

9.踩船——障碍跑

两脚左右分开，膝微屈，上体稍前倾；两臂自然下垂，腰部主动用力将身体重心移至右脚，再移至左脚，交替进行。听到信号后起跑，蛇形穿过插在地上间隔1米的l0面小旗。重复3次。

练习时，以最快的速度跑。

第七节　自我保护技术训练

倒地自我保护技术是指在实战过程中因身体失去重心，在身体即将倒地的瞬间以达到自我保护、避免摔伤为目的的自我保护技术。通过倒地自我保护技术的训练可以提自我保护意识、增强抗震能力，同时可以提高心理素质。常用的倒地自我保护技术有：前倒、后倒、侧倒、滚翻、抢背等。

1.前倒

动作说明：在立正的基础上，自然前倒，在身体与地面夹角呈70° 左右时，双手成掌，两臂屈肘向胸前回收呈八字形，掌心向下抬头收腹，以两掌及小臂着地。如图3–7–1，图3–7–2，图3–7–3。

动作要点：倒地要快，抬头、收腹、挺膝，倒地时两手臂及时有力拍地，以减缓倒地时的冲力。

易犯错误：①低头、挺腹、跪膝。

②拍地无力。

纠正方法：①强调抬头、收腹、挺膝，反复多次进行练习。

②反复多次进行拍地练习，以提高手臂拍击力量。

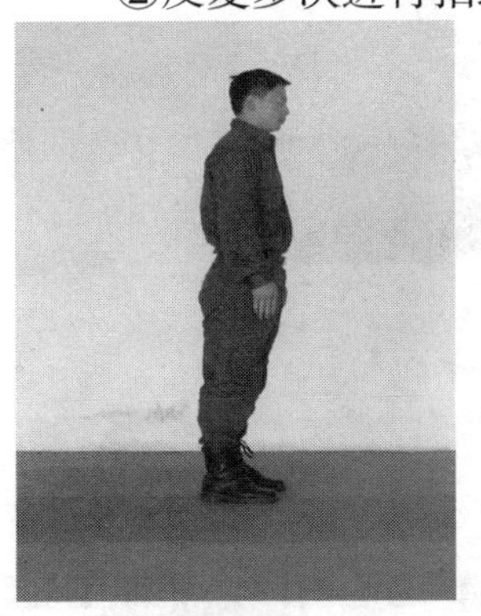

图3–7–1

图3–7–2

图3–7–3

2.后倒

动作说明：在两脚左右开立呈半蹲姿势的基础上，两臂前摆，两膝向前下顶，上体后仰倒地。同时起右腿直腿上摆，挺腹勾头，两臂成弧形在体侧用力拍地，以手臂肩背左脚支撑地面，目视前上方。如图3–7–4，图3–7–5，图3–7–6。

动作要点：摆臂要快，后仰、挺腹和勾头要协调一致，臀部不着地。

易犯错误：头、腰、臀触地。

纠正方法：强调勾头、挺髋，并反复多次进行练习。

图3–7–4

图3–7–5

图3–7–6

3.侧倒

动作说明：两脚左右开成半蹲姿势，两臂迅速前摆，随即左后转身，右脚猛力往左摆，左手右脚掌拍地，以两臂、两手、右脚掌、体侧着地，两腿弯曲成剪式。如图3–7–7，图3–7–8，图3–7–9。

动作要点：右脚左摆要快，摆臂、转身、摆腿要协调一致。

易犯错误：双手和脚掌不同时拍地。

纠正方法：反复多次进行拍地练习。

图3–7–7

图3–7–8

图3–7–9

4.抢背

动作说明：左脚在前，右脚在后，两脚前后开立，身体前倾，右肩前探，向左低头，含胸收腹。双手指尖相对在左前方撑地，右脚摆起，左脚蹬地跳起。团身向前侧滚翻，右肩到后背再到左侧腰、臀，依次着地，翻过后左手撑地，借助滚翻和拍地动力迅速站起。如图3–7–10，图3–7–11，图3–7–12。

动作要点：弓腰探肩，肩、后背、腰、臀依次着地，起立要快。

易犯错误：①团身不紧。

②身体没有依次着地。

纠正方法：①强调团身紧，身体依次着地。

②反复多次进行练习。

图3–7–10

图3–7–11

图3–7–12

第四章 徒手防卫的进攻技术

【学习目标】

1．了解进攻技术拳法、腿法、掌法、肘法、膝法和摔法的技术动作。

2．基本掌握拳法、腿法、掌法、肘法、膝法等进攻技术，提高学员的击打进攻能力。

3．熟练掌握拳法、腿法、掌法、肘法、膝法等进攻技术在警务实战中的应用，为以后学好警察徒手防卫与控制技术奠定坚实的基础。

第一节 拳法训练

一、冲拳

1.左冲拳

动作说明：格斗姿势站立（正架势：左脚、左手在前，右脚、右手在后），右脚蹬地，重心前移至左脚，左脚蹬转地面，左膝平转内扣，左胯内收，髋关节微右转，上体顺势右转，右肩向后发力，左肩向前顺出，催臂向前，前臂内旋，直肘出拳，力达拳面；右拳护额，臂守肋部。出拳后，迅速直线收回，保持格斗姿势。如图4–1–1，图4–1–2，图4–1–3。

图4-1-1

图4-1-2

图4-1-3

动作要点：①蹬地转胯、顺肩出拳，动作连贯、劲力顺达。

②借助蹬转地面的反作用力，顺势出拳，击打具有穿透之势。

③催臂出拳时，沿直线冲出。击中目标的瞬间，握紧拳头。

易犯错误：①出拳时，膝关节弯曲，重心下沉，身体过于前倾。

②出拳只伸肘，没有转体顺肩。

③出拳前有后拉动作，出拳后有定势，没有及时收回。

④动作脱节，只是手臂发力，而非全身整劲出拳。

纠正方法：①强调规范的动作说明。

②加强辅助动作的练习，比如在行进间转腰出拳练习。

动作应用：①双方对峙时，突然迅速进步，以左冲拳攻击对手头部或胸部。

②对手向前进攻时，突然向左侧闪躲，同时左冲拳进攻其头部。

③对手左掼拳攻击上盘时，右手挂挡，同时左冲拳反击其头或胸部。

④对手右掼拳攻击上盘时，迅速俯身闪躲，同时左冲拳反击其胸腹部。

⑤对手用左腿起腿进攻时，急速近身，以左冲拳反击其头或胸部。

⑥对手近身左勾拳进攻腹部时，右手掩肘防守，同时左冲拳反击对手头部。

左冲拳是一种直线进攻型拳法，速度快、路线短、但力量小，攻击区域集中在对手腰部以上部位，尤其以头面部为主。常用来试探或迷惑对手，是最主要的进攻技术之一。

2.右冲拳

动作说明：格斗姿势站立，右脚蹬转地面，右膝内扣，右胯内收，髋腰顺

势左转，左肩向后发力，右肩顺出，催臂直肘，前臂内旋出拳，重心前移至左腿，力达拳面。同时左拳收回，保护左下额，左肘下垂，保护肋部。出拳后，迅速直线收回，还原成格斗姿势。如图4–1–4，图4–1–5，图4–1–6。

图4–1–4

图4–1–5

图4–1–6

动作要点：①发力顺序起于右脚，传至腰肩，止于拳面，穿透而出。

②上体借助左肩后拉之力，向左转动，右肩顺势催臂出拳。

③出拳后迅速回收，还原时以腰带动，主动收回成格斗姿势。

易犯错误：①出拳时屈膝下蹲，转体不够，上体过于前倾，力量不足。

②出拳时后拉，预兆明显，出拳后有定势，收回不及时。

纠正方法：①多体会腰部绕纵轴方向拧转的要领，克服转体不够及上体前俯的错误。

②侧对镜子，慢速练习，按动作要求出拳。

动作应用：①双方对峙时，突然疾步进身对方，用右冲拳攻击其头部或胸部。

②对方左冲拳或左掼拳攻击头部时，迅速俯身，同时右冲拳反击其中盘。

③对方右冲拳进攻中盘时，左手拍压来拳，随即右冲拳反击其头部。

④对方右掼拳攻击头部时，左手挂挡，同时右冲拳反击其头部或躯干。

⑤对方右腿低鞭腿进攻时，左腿提膝的同时，右脚蹬地进身，右冲拳反击其上盘。

⑥对方右腿高鞭腿进攻时，左手挂挡防守，随即进身右冲拳反击其上盘。

右冲拳又称主力拳，是主要的进攻动作之一。其特点是击打力量大、威力强，且攻击距离长。

二、掼拳

1.左掼拳

动作说明：格斗姿势站立，右脚蹬地，重心左移，左脚蹬转地面，左脚跟外旋，左膝内扣，内收左胯，腰身微向右拧转；同时左臂抬肘，与肩同高，左拳向外(约45度)、向前、向里横向发力出拳，手臂微屈，拳心朝下，力达拳面，右拳护住下额；出拳后，迅速放松收回，保持格斗姿势。如图4–1–7，图4–1–8，图4–1–9。

图4–1–7

图4–1–8

图4–1–9

动作要点：①靠腰胯的转动，带动手臂，发力出拳。

②注意左拳向外出拳的角度，不易过大或过小。

③出拳时，抬肘与肩持平，臂微屈。

易犯错误：①出拳角度过大，形成后拉现象。

②掼拳时，没有借助转腰的力量，而是依靠肘关节弯曲发力。

纠正方法：①面对镜子或同伴监督，严格按照掼拳运行路线练习，动作基本成型后，加大力度与速度。

②固定肘关节，多强调利用腰部转动的力量，把拳掼出。

动作应用：①双方对峙时，突然向左前方进步，左掼拳抢攻对方头部右侧。

②对方左冲拳进攻时，向左闪躲，同时左掼拳反击其头部。

③对方右掼拳攻击上盘时，俯身躲开来拳后，随即左掼拳反击其头部或肋部。

④对方左抄拳进攻胸腹部时，右肘掩防，同时左掼拳反击其头部。

左掼拳是一种从侧面横向进攻的拳法，常用于击打对手头部或躯干侧面。

2.右掼拳

动作说明：格斗姿势站立，右脚蹬转地面，右脚跟外旋发力，右膝内扣，合胯转髋，腰身左转，同时右臂抬肘，与肩持平，右拳向外(约45度)、向前、

向里横向发力，手臂微屈，拳心朝下，力达拳面，左拳收回于左下额；出拳后，快速回收，还原成格斗姿势。如图4-1-10，图4-1-11，图4-1-12。

图4-1-10

图4-1-11

图4-1-12

动作要点：①由下往上的腿部及腰胯动作与掼拳发力要连贯、协调。

②掼拳发力时，注意保持肩、肘、腕基本水平。

③中距离击打时，拳心向下；远距离时，拳心向外，避免受伤。

易犯错误：参考“左掼拳”

纠正方法：参考“左掼拳”

动作应用：①双方对峙时，左冲拳佯攻其头部，对方举臂防守瞬间，迅速俯身右掼拳击打其肋部。

②对方右抄拳进攻腹部时，左手掩肘防守，同时右掼拳反击其头部。

③右腿中鞭腿进攻其中部，对方左臂向下挂挡瞬间，右掼拳击打其头部。

④对方右腿高鞭腿攻击上盘时，左手挂挡防守后，进步右掼拳反击其上盘。

右掼拳也是一种从侧面横向进攻的拳法，攻击对方头部或躯干侧面。其特点是力量大，但进攻路线长。多用于拳腿组合或防守反击。

三、抄拳

1.左抄拳

动作说明：格斗姿势站立，重心略下沉，上体稍向左转，左拳下落，左脚蹬地转胯，左腰向上、向内发力，上体向右拧转，左拳借助挺腰之力向斜上抄起，力达拳面。右拳收于下额处防守。出拳后，迅速收回，还原成格斗姿势。如图4-1-13，图4-1-14，图4-1-15。

图4-1-13

图4-1-14

图4-1-15

动作要点：①前臂下落时微内旋，抄起时外旋。

②借助腿部蹬转的力量，把拳呈螺旋形打出。

③动作连贯，发力短促。

易犯错误：①动作脱节，抄拳发力时上体后仰、挺腹。

②出拳时后拉。

纠正方法：①重点体会蹬地转胯的要领，强调含胸裹腰。

②面对镜子，强调拳往下沉，而非往后拉。

动作应用：①对方以左掼拳进攻头部时，右手挂挡防守，同时进步沉身，左抄拳反击其腹部。

②对方左抄拳击打中盘时，上体左转，右臂掩肘，同时进步沉身，左抄拳反击其中上盘。

③对方进身下潜，欲抱腿时，迅速沉身，以左抄拳反击其头部。

抄拳击打距离短，适应于贴身及近距离实战，可攻击对手胸腹部或下额处。

2.右抄拳

动作说明：格斗姿势站立，重心略下沉，上体稍向右转，右拳下落，右脚蹬地，扣膝合胯，腰身向左拧转，同时，右拳由下往前上抄起发力，拳心向内，力达拳面，左手收至下额处防守；出拳后，迅速收回，恢复成格斗姿势。如图4-1-16，图4-1-17，图4-1-18，图4-1-19。

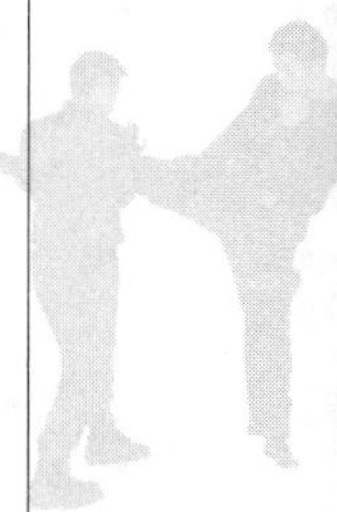

图4-1-16

图4-1-17

图4-1-18

图4-1-19

动作要点：①右臂下落时微内旋，抄起时外旋。

②右抄拳出拳时要借助右脚蹬地转胯、拧腰顺肩的力量，力量由下至上，连贯协调。

易犯错误：参考“左抄拳”

纠正方法：参考“左抄拳”

动作应用：①对方右抄拳向中盘进攻时，左手掩肘防守，右抄拳随即反击其中盘。

②对方右掼拳进攻上盘左侧时，左手挂挡防守，随即进步右抄拳反击其中上盘。

③对方进身下沉，欲抱腿时，在其上步俯身时，右抄拳迎击其头部。

第二节　腿法训练

一、正弹踢

1.左正弹踢

动作说明：格斗姿势站立，原地提膝起腿或垫右脚起左腿，身体重心微后移，右腿微屈膝支撑，左膝上提，膝关节朝前上方，收折小腿，脚尖绷直；右脚蹬地，脚跟略内转，左脚顺势送胯，弹踢小腿，力达脚背；完成动作后，迅速收回，还原格斗姿势。如图4–2–1，图4–2–2，图4–2–3。

图4–2–1

图4–2–2

图4–2–3

2.右正弹踢

动作说明：格斗姿势站立，身体重心移至左腿，左脚微屈膝支撑，左脚蹬地，左脚掌拧转，上体略左转，右膝上提，膝关节朝前上方，收折小腿，脚尖绷直；同时，略送胯，弹小腿，力达脚背；完成动作，迅速收回成格斗姿势。如图4–2–4，图4–2–5，图4–2–6。

图4–2–4

图4–2–5

图4–2–6

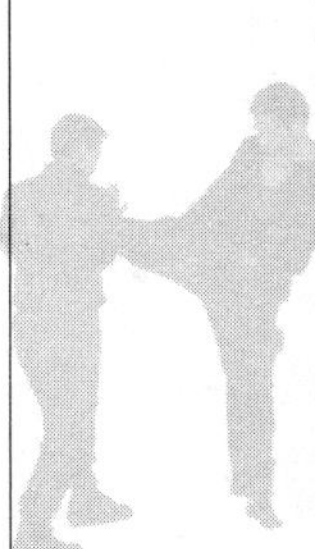

动作要点：屈膝过腰，爆发用力，力达脚背，协调顺达。

易犯错误：①提膝不过腰，折腿不紧。

②踝关节松弛，弹踢似甩腿。

纠正方法：①多做靠胸提膝练习，强调紧折小腿。

②加强体会动作要领，拍击脚背，助其体会动作。

动作应用：①双方对峙时，左冲拳试探虚晃，重心后移，随即突起腿弹击其裆部或腹部。

②对方用拳法攻击时，双手护头，在其出拳瞬间，速起腿弹击起裆部或腹部。

弹踢是最敏捷、速度最快的腿法之一，变化快、命中率高。正弹踢主要弹击对手裆部、腹部。

二、侧弹踢

1.左侧弹踢

动作说明：格斗姿势站立，原地提膝起腿或垫右脚起左腿，身体重心微后移，右腿微屈膝支撑，左膝上提，膝关节朝前上方，收折小腿，脚尖绷直；右脚蹬转，以前脚掌为轴向右转动，上体顺势右转并向右后侧倾，同时展左胯，左膝内扣翻转，小腿迅速向右前上方弹击，力达脚背；完成动作后，迅速收回，还原格斗姿势。如图4–2–7，图4–2–8，图4–2–9。

图4–2–7

图4–2–8

图4–2–9

2.右侧弹踢

动作说明：格斗姿势站立，右脚蹬地，重心前移，左脚微屈膝支撑，右膝上提，膝关节朝前上方，收折小腿，脚尖绷直；左脚蹬转，以前脚掌为轴向左转动，上体顺势左转并向左后侧倾，展右胯，右膝内扣翻转，小腿迅速向左前方弹击，力达脚背；完成动作，速回成格斗姿势。如图4–2–10，图4–2–11，图4–2–12。

图4-2-10

图4-2-11

图4-2-12

动作要点：①支撑脚辗转后，脚跟斜向前。

②脚背紧张，膝盖内扣，以膝带腿，爆发有力。

易犯错误：①直腿鞭打，小腿折叠不够。

②踝关节放松，无力点，类似甩腿。

纠正方法：①多练习绷脚跪坐，练习时多提醒。

②按要领多练习绷脚背，多击打脚靶、沙包等。

动作应用：①双方对峙时，突起左侧弹踢击打其大腿。

②冲拳接侧弹踢。用左冲拳虚晃对方头部，对方用拳防守时，随即右脚垫步，起左侧弹踢攻击其中盘。

③防冲拳侧弹踢反击。对方以左冲拳进攻时，右手拍挡防守，继而右侧弹踢反击其中盘。

④连续侧弹踢。侧弹踢进攻对方下盘被防守时，迅速屈膝收腿，脚不落地，再次攻击其上盘。

侧弹踢动作快速，多变灵活，据实战情况可分别击打对方上、中、下盘。

三、正蹬腿

1.左正蹬腿

动作说明：格斗姿势站立，原地提膝起腿或垫右脚起左腿，身体重心微后移，右腿微屈膝支撑，左膝上提，膝关节朝前上方，收折小腿，脚尖勾起；右脚蹬地，脚跟略内转，左脚顺势送胯，向前蹬击，力达脚跟，接触目标瞬间，送胯，前脚掌下压；完成动作后，迅速收回，还原格斗姿势。如图4-2-13，图4-2-14，图4-2-15。

图4–2–13

图4–2–14

图4–2–15

2.右正蹬腿

动作说明：格斗姿势站立，身体重心移至左腿，左脚微屈膝支撑，左脚蹬地，左脚掌拧转，上体略左转，右膝上提，膝关节朝前上方，收折小腿，脚尖勾起；同时，略送胯，向前蹬击，力达脚跟，接触目标瞬间，送胯，下压脚掌；完成动作，迅速收回成格斗姿势。如图4–2–16，图4–2–17，图4–2–18。

图4–2–16

图4–2–17

图4–2–18

动作要点：①蹬腿时，脚跟领先，向前蹬出。

②屈膝过腰，爆发用力，动作顺畅。

易犯错误：①出腿时，收胯或往下蹬出。

②髋、踝关节松弛，用力不顺，力点不准。

纠正方法：①提高下肢柔韧性，同伴抓握脚踝，引领其体会展胯感觉。

②多练习蹬墙壁、树干或沙包等，感受发力和着力点。

动作应用：①双方对峙时，突起左正蹬腿攻击其躯干。

②对方距离较远时，垫步接近对方，随即蹬腿进攻其躯干。

③对方进步，用拳法进攻时，抢先用蹬腿攻击其躯干，阻击其进攻。

④对方用拳法或腿法进攻时，用拳防守后，同时蹬腿击其躯干。

⑤对方用侧弹踢进攻时，突起蹬腿攻击其大腿或腹部。

⑥对方用侧踹腿进攻时，速起蹬腿封堵，攻其腿部。

⑦对方使用转身动作进攻时，在其转身背对时，用蹬腿攻其背部或臀部。

正蹬腿是直线进攻腿法，主要用来攻击目标的中盘或裆部。主要用法有试探性蹬腿、进攻性蹬腿、阻击性蹬腿、防御性蹬腿等。

四、侧蹬腿

1.左侧蹬腿

动作说明：格斗姿势站立，原地提膝起腿或垫右脚起左腿，身体重心微后移，右腿微屈膝支撑，左膝上提，与腰同高，小腿外摆，脚尖勾起，脚掌正对攻击方向；上体侧倒，右腿快速蹬转，左腿展髋顶胯、挺膝侧蹬，力达脚掌；完成动作后，迅速还原。如图4-2-19，图4-2-20，图4-2-21。

图4-2-19

图4-2-20

图4-2-21

2.右侧蹬腿

动作说明：格斗姿势站立，重心前移，左腿微屈膝支撑，上体向左转动，以腰带动右腿，屈膝上提，与腰同高，小腿外翻，脚尖勾起，脚掌正对攻击方向；上体侧倒，左脚蹬转，右腿展髋顶胯、挺膝侧蹬，力达脚掌；动作完成后，速回还原。如图4-2-22，图4-2-23，图4-2-24。

图4-2-22

图4-2-23

图4-2-24

动作要点：①上体、腰胯、大腿、小腿、脚掌成一直线。

②侧蹬时，借蹬地展髋之力，以大腿推动小腿直线发力。

③支撑脚脚跟随蹬转发力，顺势往进攻方向转动。

易犯错误：①出腿时，收腹、屈胯、撅臀，躯干与下肢不能成直线。

②进攻距离短、速度慢、力量小。

纠正方法：①手扶支撑物，一腿抬起，同伴腹部紧贴脚掌，引导其蹬展腰胯，挺膝出腿；由慢到快，多次练习，反复体会。

②待动作熟练后，击打脚靶或沙包，体会发力过程。

动作应用：①双方对峙时，突起低侧蹬腿击打对方下盘。

②双方对峙时，突起中侧蹬腿击打对方中盘。

③双方对峙时，突起高侧蹬腿击打对方上盘。

④双方对峙时，以前手拳佯攻对方头部，对方用拳防守时，速起左侧蹬腿攻其腹部。

⑤对方用拳法或腿法攻击，在出拳或抬腿瞬间，突起左侧蹬腿抢先阻击对方。

⑥对方向前进步时，退步同时，速起左侧蹬腿反击其大腿。

⑦对方用拳或腿法攻击时，闪身躲过，随即用侧蹬腿反击其躯干。

⑧对方用拳法进攻时，以手臂格挡防守，随即起同侧腿侧蹬其中盘。

⑨前腿侧蹬对方，对方后撤闪躲后，前腿往前落地，随即右腿侧蹬对方上盘。

⑩对方进步时，先用前腿侧蹬腿击其下肢，对方提膝防守时，可在其腿下落瞬间，再次侧蹬，进攻其上盘。

⑪对方以侧蹬腿进攻时，撤身避开来腿，趁其收腿瞬间，速垫步起左侧蹬腿反击对方。

侧蹬腿是最常用、最有效的一种腿法，速度快、力量大、灵活多变、不易防守，实用性强。

五、勾踢腿

1.左勾踢腿

动作说明：格斗姿势站立，原地或右脚垫步，重心后移，右腿支撑，屈膝略外展，上体右转，收腹合胯，左脚尖内扣上勾，顺势直腿向前、向右弧线擦地勾踢，力达踝关节内侧。如图4-2-25，图4-2-26，图4-2-27。

图4-2-25

图4-2-26

图4-2-27

2.右勾踢腿

动作说明：格斗姿势站立，重心前移，左腿支撑，屈膝略外展，上体左转，右脚蹬地，收腹合胯，右脚尖内扣上勾，直腿向前、向右弧线擦地勾踢，力达踝关节内侧。如图4-2-28，图4-2-29，图4-2-30。

动作要点：没有预兆，勾踢突然，发力迅猛，力点准确，维持身体平衡。

易犯错误：①有预兆，动作幅度大。

②发力方向错误，脚踝松弛

纠正方法：①面对镜子或两人一组，按要求严格练习，检查提高。

②强调动作运行路线、发力方向及力点。

动作应用：①对方重心前移时，用后脚勾踢腿，击其脚跟。

②对方用腿法进攻时，接腿后，勾踢其支撑腿脚跟；或用同侧手配合，向勾踢反方向拨摔其上盘。

勾踢腿主要用于攻击对方脚跟及踝关节，破坏其重心，将其击倒。实战中与上肢反方向发力动作相配合，效果明显。

图4-2-28

图4-2-29

图4-2-30

第三节 掌法训练

一、推掌

推掌主要用于攻击对方鼻梁、下额、咽喉等部位。实战中，主要对付身材高大的对手。

1.左推掌

动作说明：格斗姿势站立，重心前移，左脚掌蹬地，左膝内扣，左胯内收，腰身微右转，右肩向后发力，左肩向前顺出，催臂向前，前臂内旋，直肘出掌，力达掌根，拳心朝前；右拳护额，臂守肋部。推掌后，迅速直线收回，保持格斗姿势。如图4–3–1，图4–3–2，图4–3–3。

图4–3–1

图4–3–2

图4–3–3

动作要点：①蹬地转胯、顺肩推掌，动作连贯、劲力顺达。

②借助蹬转地面的反作用力，顺势沿直线推掌，击打具有穿透之势。

易犯错误：①出掌时，动作脱节，只是伸肘发力，没有借力转体顺肩。

②出掌时，有后拉动作，出掌后有定势，没有及时收回。

纠正方法：①强调规范的动作说明。

②加强辅助动作的练习，比如在行进间转腰推掌练习。

动作应用：①双方对峙时，突然向前猛力推击对方胸部。

②对方左推掌进攻颈部时，速用右手拍挡防守时，用左推掌反击其头部。

2.右推掌

动作说明：格斗姿势站立，右腿蹬转地面，向左转胯拧腰，上体左转，重心移至左脚，左肩往后发力，同时右肩顺势前推伸肘，前臂内旋，拳变立掌，力达掌根，掌心朝前；左拳回收，保护下额与左肋。动作完成后，速按原路还原成格斗姿势。如图4–3–4，图4–3–5，图4–3–6。

图4–3–4

图4–3–5

图4–3–6

动作要点：①动作连贯，力量通过腿腰肩臂传达掌根。

②上体借助左肩后拉之力，向左转动，右肩顺势催臂出掌。

③推掌后迅速回收，还原时以腰带动，主动收回成格斗姿势。

易犯错误：①推掌时屈膝下蹲，转体不够，上体过于前倾，力量不足。

②推掌时后拉，预兆明显，出掌后有定势，收回不及时。

纠正方法：①多体会腰部绕纵轴方向拧转的要领，克服转体不够及上体前俯的错误。

②侧对镜子，慢速练习，按动作要求推掌。

动作应用：①双方对峙时，速推右掌，抢攻其头面部。

②对方右掌推击我颈部时，速用左手拍挡防守，随即以右推掌反击其喉部。

二、劈掌

劈掌主要用于劈砍对方颈椎、颈部两侧、咽喉及锁骨等部位。实战中，主要对付身材矮小的对手。

1.左劈掌

动作说明：格斗姿势站立，重心前移，左脚蹬转地面，左肩顺出，左拳变掌，掌心朝右，或斜朝右上，手臂伸肘，腰胯向右转，带动左臂向前向左发力劈出，力达掌轮；右拳收回，格挡保护；动作完成后，还原成格斗姿势。如图4–3–7，图4–3–8，图4–3–9。

图4-3-7

图4-3-8

图4-3-9

动作要点：发力劈掌时，借助腰胯左转之力，整劲发出。

易犯错误：发力时，动作脱节，只靠手臂伸肘动作劈掌。

纠正方法：按动作规格，镜面慢练习，仔细体会动作要领；或同伴监督，及时纠错。

动作应用：①双方对峙时，前腿进攻其大腿，随即以左劈掌砍击其颈部。
②对方用左劈掌攻击颈部时，用左手格挡防守，以右推掌推击其头部，同时进步，用左劈掌猛劈其颈部。

2.右劈掌

动作说明：格斗姿势站立，右脚蹬地，右膝内合，腰胯左转，上体左转，左肩向后发力，催右肩前顺，右拳变掌，掌心朝左，或斜朝左上，手臂由屈到伸，向前向左劈击，力达掌轮；左拳收回，格挡保护。动作完成后，速回成格斗姿势。如图4-3-10，图4-3-11，图4-3-12。

图4-3-10

图4-3-11

图4-3-12

动作要点：动作顺达，以腰带动，力达掌轮，爆发劈出。

易犯错误：参考“左劈掌”

纠正方法：参考“左劈掌”

动作应用：①双方对峙时，突然上步，以右劈掌劈击对方颈部。

②对方用右劈掌攻击我方颈部时，左手格挡防守，随即右劈掌反击其头部，同时，左掌砍其颈部。

第四节　摔法训练

1.夹颈摔

动作说明：双方格斗姿势站立，对方右冲拳攻击我方头部，我方左臂格挡并抓握其右前臂，右臂穿过对方左肩上方，屈肘夹其颈部；随即右脚上步左脚向后旋转撤步，双脚平行，两膝弯曲，腰身左转，以右侧髋关节紧贴对方腹部；两脚蹬伸，弓腰向下，腰向左转，双手合力向下，低头将其背起摔倒。如图4–4–1，图4–4–2，图4–4–3。

图4–4–1

图4–4–2

图4–4–3

动作要点：①判定准确，夹颈牢固，顶胯贴腹要紧。

②撤步转身要快，蹬地俯身、双手牵拉要协调有力。

易犯错误：夹不牢颈，背不起对方。

纠正方法：①身体紧贴对方腹部，环绕颈部，屈肘发力。

②强调撤步转身、弓腰低头、蹬地牵拉连贯，用整劲背摔。

动作应用：多用于防守冲拳、掼拳攻击头部时的反击。

2.抱腿旋压摔

动作说明：双方格斗姿势站立，对方出拳攻击头部时，我方速上步进身，下潜躲闪，随即左手抱其左大腿，右手抱其左小腿，左肩紧贴其左胯，以左脚为轴，右脚向后旋转撤步，同时腰身右转，左肩顶其左胯，顺势下压，将其摔倒。如图4–4–4，图4–4–5，图4–4–6。

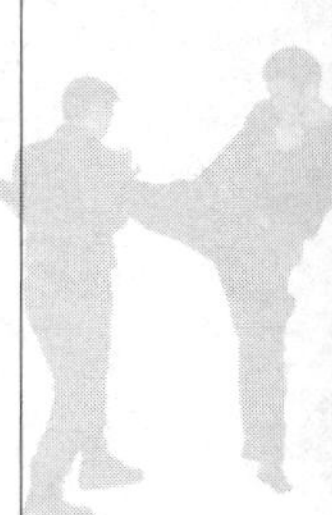

图4-4-4

图4-4-5

图4-4-6

动作要点：下潜快，抱腿紧，旋转猛，肩顶狠。

易犯错误：抱腿不住，摔不倒对方。

纠正方法：①上步进身，掌握抱腿时机。

②抱紧腿，左肩贴紧左胯，右转要快，切顶要猛。

动作应用：用于防守反击或主动进攻。

3.接腿勾踢

动作说明：格斗姿势站立，对方起右侧弹踢，进攻中盘；我立即上左步，用左手迎抱其右小腿，右手从其右肩上穿过，按压其颈部；同时，右脚向前勾踢其左脚踝关节处，将其摔倒。如图4-4-7，图4-4-8，图4-4-9。

图4-4-7

图4-4-8

图4-4-9

动作要点：①判断准确，接腿稳固，勾踢、压脖动作协调有力。

②勾踢、压脖时，左手配合抬高其右腿，让其重心上提，更利于摔倒。

易犯错误：勾摔不倒对方。

纠正方法：强调勾踢、压脖时，左手抬高对方右腿，让其重心上提；动作配合协调。

动作应用：主要用于防守对方侧弹踢的反击动作。

第五节　肘法和膝法训练

一、顶肘

顶肘主要用于近身时攻击对方心窝或下额；力量大、威力猛。

1.左顶肘

动作说明：格斗姿势站立，上步近身，重心前移，左脚蹬转，扣膝转胯顶髋，上体向右拧转，右肩稍后拉，左肩前提，屈臂抬肘，拳心朝右，力达肘尖；右拳回收保护；完成动作后，速回格斗姿势。如图4–5–1，图4–5–2，图4–5–3。

图4–5–1

图4–5–2

图4–5–3

动作要点：动作连贯顺畅，借助蹬转、拧顶之力，整劲发出。

易犯错误：屈肘松弛，抬臂顶肘。

纠正方法：强调肘关节夹角要小，按动作规格，严格练习。

动作应用：①双方对峙时，突然滑步进身，用左顶肘攻击对方胸部或下额。②对方左顶肘进攻时，后闪躲防，用右冲拳反击其头部，随即进步以左顶肘攻击其下额。

2.右顶肘

动作说明：格斗姿势站立，右脚蹬转，扣膝转胯顶髋，上体向左拧转，左肩稍后拉，右肩前提，屈臂抬肘，拳心朝左，力达肘尖；左拳回收保护；完成动作后，迅速还原成格斗姿势。如图4–5–4，图4–5–5，图4–5–6。

图4-5-4

图4-5-5

图4-5-6

动作要点：参考“左顶肘”。

易犯错误：参考“左顶肘”。

纠正方法：参考“左顶肘”。

动作应用：①双方对峙时，突然上步近身，用右顶肘攻击对方胸部或下额。

②对方右顶肘攻击时，向右侧部躲闪，用左抄拳击其头部，随即上右步以右顶肘反击其中盘。

二、横肘

横肘是防卫控制中最常用的肘法；用法灵活多变，主要用于攻击对方头部、颈部及腹部等。横击力量来自于蹬地转胯、拧腰转体的合力，力量足、攻击性大。

1.左横肘

动作说明：格斗姿势站立，右脚蹬地，左脚向前滑步，左臂屈肘内旋，抬肘与肩平，拳心朝下；左脚蹬转地面，左膝内扣，合胯转髋，腰身右转，带动左肘向右前方横肘击打，力达肘尖；右手收回，保护头身；动作完成后，速回成格斗姿势。如图4-5-7，图4-5-8，图4-5-9。

图4-5-7

图4-5-8

图4-5-9

动作要点：蹬地转胯、拧腰顺肩、屈臂给肘连贯协调，发整劲。

易犯错误：动作脱节，发力不顺。

纠正方法：强调蹬地转胯、以腰带肘。

2.右横肘

动作说明：格斗姿势站立，右脚蹬转地面，右膝内扣，合胯转髋，腰身向左拧转，左肩向后发力，右肩向前顺出，右臂屈肘抬起，与肩同高，拳心朝下，右肘顺势向左前方横击，力达肘尖；左拳回收下额，保护头部；动作完成后，速回成格斗姿势。如图4–5–10，图4–5–11，图4–5–12。

图4–5–10

图4–5–11

图4–5–12

动作要点：蹬地转胯、拧腰给肘连贯协调，发整劲。

易犯错误：参考“左横肘”。

纠正方法：参考“左横肘”。

动作应用：①双方近距离对峙时，突然抬左横肘攻击其头面部。

②对方用左横肘攻击头部时，我下潜躲闪，同时速用右横肘反击其左肋部。

三、顶膝

顶膝力量大，威力猛；主要进攻对方腹部及裆部。攻击时配合上肢动作发力。

1.左顶膝

动作说明：格斗姿势站立，疾步重心前移，右脚屈膝支撑；左腿屈膝抬起，右脚蹬地，以右脚掌为轴，脚跟内旋，髋略右转，左胯前送，左膝顺势朝前上方发力顶出，力达膝盖；顶膝时，上体略后仰，含胸收腹，攻击后迅速收回成原格斗姿势。如图4–5–13，图4–5–14，图4–5–15。

图4-5-13

图4-5-14

图4-5-15

2.右顶膝

动作说明：格斗姿势站立，右脚蹬地，重心前移，左腿屈膝站立；左腿蹬转地面，左脚跟内转，送右胯，顶右膝，力达膝盖；顶膝时，上体略后仰，含胸收腹，攻击后迅速收回成原格斗姿势。如图4-5-16，图4-5-17，图4-5-18。

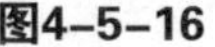
图4-5-16

图4-5-17

图4-5-18

动作要点：重心稳定，借助蹬地转胯之力，顶膝而出。

易犯错误：动作脱节，顶膝无力。

纠正方法：侧对镜子，按动作要求，慢慢练习，多体会。

动作应用：①双方对峙时，右脚猛蹬地，上左步，提左膝顶击其腹部。

②双方对峙时，突然双手紧抓其双肩，用力回拉、下按，同时，用右膝顶其下盘。

四、跪膝

跪膝攻击部位主要为对方腹部或裆部，其次为头部、胸部。

1.左跪膝

动作说明：格斗姿势站立，左脚上步，身体右转，腰胯右旋，左胯下压，左腿屈膝，垂直跪击，力达膝盖；右腿蹲立，两拳不动，目视跪击方向；完成后，速回成格斗姿势。如图4-5-19，图4-5-20，图4-5-21。

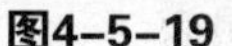
图4-5-19

图4-5-20

图4-5-21

2.右跪膝

动作说明：格斗姿势站立，左脚上步，身体左转，腰胯左旋，右胯下压，右腿屈膝，垂直跪击，力达膝盖；左腿蹲立，两拳不动，目视跪击方向；完成后，速回格斗姿势。如图4-5-22，图4-5-23，图4-5-24。

图4-5-22

图4-5-23

图4-5-24

动作要点：动作协调，以腰催腿，下压跪击。

易犯错误：跪击时，重心下降，松腰收胯，臀部下沉。

纠正方法：强调动作规格，跪击时，立腰送胯。

动作应用：将对方摔倒后，跪击对方颈部、腰腹部或裆部。

第六节　进攻技术的综合应用

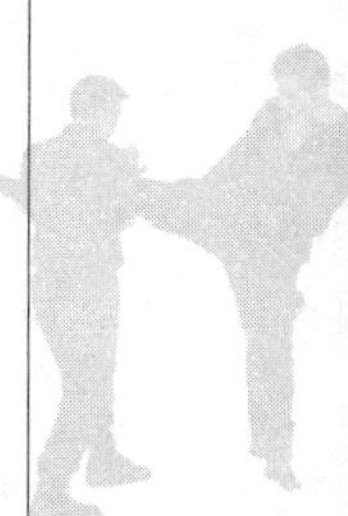

一、拳法组合

拳法组合灵活多变，既有两三个拳法的组合，也有五六个拳法的组合；根据动作转换的合理性及可行性组织编排；拳法组合练习时，一定要结合步伐的移动，才能发挥更大的效果。

1.左右冲拳

动作要点：动作连贯，衔接紧凑，冲右拳时，左拳回收保护。

2.左右掼拳

动作要点：左掼拳幅度不宜过大，回收的同时，右掼拳出击要迅速。

3.左右抄拳

动作要点：动作衔接顺畅，发力短促，左抄拳幅度不宜过大。

4.左冲拳→右掼拳

动作要点：左冲拳后，速回防守，随即蹬地转胯、拧腰扣肩，掼打右拳。

5.左掼拳→右抄拳

动作要点：转腰扣肩带动左拳掼打而出，完成后迅速回收保护；随即右脚蹬地转胯，出右抄拳。

6.右掼拳→左抄拳

动作要点：右掼拳后，借助身体左转之力，沉身蓄劲，随即蹬左膝、挺左胯、腰右转，向右前上方抄打左拳。

7.左抄拳→右掼拳

动作要点：突然抄打左拳，短促有力，避免预兆；继而蹬转右腿，转腰扣肩，带动右拳横掼而出。

二、腿法组合

1.左正蹬腿→右侧蹬腿

动作要点：正蹬腿要快蹬快收，蹬腿落地，随即右脚蹬地，身体左转，带动右腿快速向前侧蹬腿。

2.左正蹬腿→右侧弹踢

动作要点：正蹬腿落地后，右脚蹬地，身体左转，收腹合胯，带动右腿由侧向前弹踢出腿。

3.左侧弹踢→左侧蹬腿

动作要点：起左腿，快速侧弹踢；速回收，蓄劲后，继续展髋挺膝，猛力侧蹬出腿。

4.右勾踢腿→右侧蹬腿

动作要点：右腿收腹合胯，直腿勾扫，动作短促，避免预兆；随即收胯侧抬，屈膝勾脚，同时上体侧倾展髋、挺膝，猛力蹬出。

5.右侧蹬腿→右侧蹬腿

动作要点：借助身体左转及上体后侧倾，快速起腿侧蹬出，加大出腿力量；快速回收落地，随即垫步向前，起腿进行第二次侧蹬腿。动作快速迅猛，踹击距离要远。

三、拳腿组合（结合摔）

1.左冲拳→左正蹬腿

动作要点：左冲拳时，随即右腿快速垫步，起左腿，由屈到伸迅猛向前正蹬出腿。

2.右冲拳→左侧弹踢

动作要点：快速冲拳，抢步上前，腰身右转，收腹合胯，速起左腿，鞭打发力，侧弹出腿。

3.右冲拳→右侧蹬腿

动作要点：蹬地转胯，拧腰顺肩，爆发冲拳，同时，借蹬地之力，上体左转侧倾，起右腿，展髋挺膝，向前侧蹬出。

4.右侧弹踢→右掼拳→左掼拳

动作要点：侧弹踢要蹬地转髋，合胯扣膝，大腿带小腿，侧面弹击；随右腿下落时，快速以腰带肩，掼打右拳、左拳；动作衔接要快，抢腿出拳。

5.左低侧弹踢→右冲拳→左正蹬腿

动作要点：弹踢要快，随左腿落下，右拳迅速冲出，重心前移，速起左腿，送髋挺膝前蹬。

6.左掼拳→右冲拳→夹颈摔

动作要点：拳法进攻后，速上步贴近对方，随即左手穿过其右肩，屈肘夹颈，转身贴腹，用夹颈摔法将其摔倒。动作衔接顺畅，上步进身要快，发力果断。

7.左低侧弹踢→右冲拳→切胯摔

动作要点：右冲拳后，迅速上步进身，下潜抱腿，以切胯摔动作将其摔倒。进身下潜要迅速，抱腿后，整劲发力要猛。

第五章
徒手防卫的防守与反击技术

【学习目标】

1．了解基本防守技术、各种情形下防守反击技术。

2．熟练掌握各种防守与防守反击技术在日常警务实战中的运用，培养学员临界反应能力及实战能力。

3．树立正确的防卫理念，培养良好的自我防护意识与能力。

第一节 基本防守技术

防守技术是徒手技术中的重要组成部分。有效的防守，既能很好地保护自己，同时又可以为反击进攻创造条件。拳谚说："有攻而无防，落得手脚乱；防后无反击，必定再挨击。"可见防守的重要性。

防守技术根据其动作特点可以分为两大类：一是接触防守，二是闪躲防守。接触防守是接触对方进攻动作的防守，闪躲防守是不接触对方进攻动作的防守。

一、接触防守

1.拍挡

动作说明：以实战姿势（左势）站立，左手（右手）以掌心为力点向里横向拍挡。如图5-1-1，图5-1-2。

动作要点：前臂尽量垂直，拍挡幅度要小，用力要短促。

易犯错误：防守时前臂拍挡幅度过大，向前迎拍。

纠正方法：强调只动前臂，幅度不要太大。

动作应用：用于防守对方左右直拳的进攻或横向型腿法对上盘的攻击。

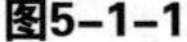

图5-1-1

图5-1-2

2.格挡

动作说明：以实战姿势（左势）站立，左手（右手）屈臂向同侧头部或肩部格挡，格挡后迅速还原。如图5-1-3，图5-1-4。

动作要点：大小臂迭紧并贴于耳侧，要含胸侧身，暴露面要小。

易犯错误：抬肘向外格挡。

纠正方法：可面对镜子做动作，检查动作是否规范。也可两人做攻防练习，检查防守的效果如何。

动作应用：用于防守对手左右掼拳或横向型腿法对头部的攻击。

图5-1-3

图5-1-4

3.拍压

动作说明：以实战姿势（左势）站立，左手（右手）以掌心或掌根为力点由上向前下拍压。如图5-1-5，图5-1-6。

动作要点：拍压时臂要弯曲，手腕和掌指要紧张用力。

易犯错误：幅度太大，手腕松弛。

纠正方法：多做徒手强化练习。

动作应用：用于防守对方以正面的拳法或腿法对中盘的攻击。

图5-1-5

图5-1-6

4.里抄

动作说明：以右手里抄为例：以实战姿势（左势）开始，右手臂弯曲并外旋，手心朝上向里抄起，左手屈臂紧贴胸前，左手护住左下颌，手心朝外。右里抄与左里抄相同，唯方向相反。如图5-1-7，图5-1-8。

动作要点：两臂紧贴体前，保护裆部和胸、腹部，抱腿时右（左）手掌心朝下与左（右）手相合锁扣。

易犯错误：两臂离开躯干向前迎抱，防守不严密。

纠正方法：多做抱腿的模仿练习。

动作应用：用于抄抱对方以踹腿、蹬腿对我中、上盘的攻击。

图5-1-7

图5-1-8

5.外抄

动作说明：以左手外抄为例：以实战姿势（左势）站立，上体左转，右手掌心向外屈臂回收于左脸侧，护住头部，左手屈臂向外旋，向外向上抄起。左外抄做法与右外抄相同，唯方向相反。如图5-1-9，图5-1-10。

动作要点：抄抱时，上臂要紧护躯干，抱腿时，两手要相合锁扣。

易犯错误：两上臂离开躯干，向前迎抱。

纠正方法：慢动作练习，体会动作要点，强调上臂紧贴身体。

动作应用：抄抱对方以鞭腿、横踢腿对我中上盘的进攻。

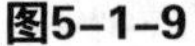
图5-1-9

图5-1-10

6.外挂

动作说明：以左手外挂为例：以实战姿势（左势）站立，左拳由上向下、向左后斜挂，拳心朝外，臂微屈。右外挂做法与左手外挂相同，唯方向相反。

动作要点：左臂肘关节微屈，肘尖内收后朝后，左臂朝左后斜下挂防。

易犯错误：臂向外横栏，肘尖朝外，直臂。如图5-1-11，图5-1-12。

纠正方法：面对镜子，慢动作练习，体会动作要点。

动作应用：用于挂防对方以横向腿法对我中盘部位的进攻。

图5-1-11

图5-1-12

7.里挂

动作说明：以左手里挂为例：以实战姿势（左势）站立开始，左臂内旋，上体微右转，左拳由上向下、向右斜下挂防，拳眼向内，拳心向外。右手里挂做法与左手里挂相同，唯方向相反。如图5-1-13，图5-1-14。

动作要点：臂要内旋，肘关节微屈以桡骨侧为力点挂防，幅度要小。

易犯错误：臂向外弧形绕围，动作幅度过大。

动作应用：用于防守对方以偏右或偏左的直线腿法对我中盘部位的攻击。

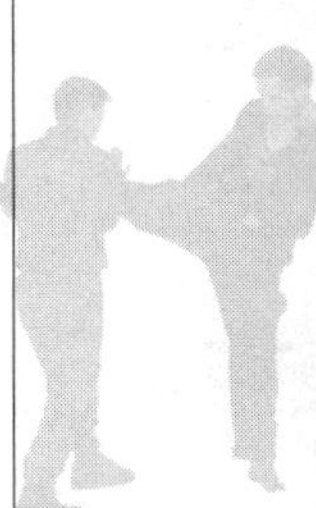

图5-1-13

图5-1-14

8.**掩肘**

动作说明：以左手掩肘为例：以实战姿势（左势）站立开始，左臂弯曲，前臂外旋，在腰微向右转的同时，向内、向腹下滚掩，拳心朝里，以前臂尺骨下端（小指侧）为防守点。含胸、收腹、收颌，眼看掩时方向。右掩肘做法与左掩肘相同，唯方向相反。如图5-1-15，图5-1-16。

动作要点：掩肘时要含胸、收腹，两手紧护胸腹部，以腰带肩，滚掩入门闭户。

易犯错误：挺胸、抬上颌，两臂防守不严密。

纠正方法：面对镜子，慢动作体会动作要点，掌握做法。

动作应用：用于防守对方由下而上的手法或腿法对中、下盘的攻击。

图5-1-15

图5-1-16

9.**阻挡**

动作说明：以实战姿势（左势）站立，两脚蹬地，身体微前移，以肩部或手心阻挡对方直线拳法或直线腿法的进攻，如右手阻挡直拳、肩阻挡踹腿。如图5-1-17，图5-1-18。

动作要点：身体紧张、含胸，闭气，阻挡拳法要提左肩并收下颌；阻挡腿法要含胸、收腹、沉气，两手紧护体前，尽量缩小被击面。

易犯错误：身体直立、抬头，两手保护不严密。

纠正方法：慢动作体会动作要点，掌握正确的做法。

动作应用：破坏、阻挡对方对上盘的攻击，为反击做准备。

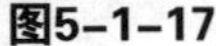
图5–1–17

图5–1–18

10.阻截

动作说明：以左脚阻截为例：由实战姿势（左势）站立，左腿屈膝略抬，脚尖勾紧，脚弓朝下，以脚掌为力点前伸截出。右脚阻截做法同左腿阻截，唯方向相反。如图5–1–19，图5–1–20。

动作要点：提膝迅速，阻截要抢在对方进攻之前，支撑要稳。

易犯错误：支撑不稳，准确性差，阻截时机抓不准。

纠正方法：多做两人一组的攻防练习。

动作应用：用于先发制人，抢在对方用腿法进攻之前阻拦其腿，破坏其进攻。

图5–1–19

图5–1–20

二. 闪躲防守

1.撤步

动作说明：以实战姿势（左势）站立，左脚由前向后收步，接近右脚时脚前掌着地，重心落于右脚，完成撤步后成右势。如图5–1–21，图5–1–22，图5–1–23。

动作要点：前腿回收要迅速，虚点地面，上体正直，支撑要稳。

易犯错误：上体前倾，突臀，虚实不明。

纠正方法：练习收步和进步的组合步法。上体正直，支撑要稳。

动作应用：用于防守对方以腿法攻击我下盘部位。

图5–1–21

图5–1–22

图5–1–23

2.后闪

动作说明：以实战姿势（左势）站立，重心后移，上体略后仰闪躲。如图5–1–24，图5–1–25。

动作要点：后闪时下颌收紧，闭嘴合齿；后闪幅度不宜过大。重心落于后腿。

易犯错误：头部后仰、挺腹。

纠正方法：面对镜子练习，多做模仿练习。

动作应用：用于防守对方拳法对上盘的攻击。

图5–1–24

图5–1–25

3.侧闪防

动作说明：以左侧闪身防为例：以实战姿势（左势）站立，两腿微屈，上体侧身向左侧闪躲。右闪身防与左侧闪身防相同，唯方向相反。如图5–1–26，图5–1–27。

动作要点：上体要含胸，侧身不转头，目视对方。

易犯错误：身体向侧横移过多，歪头。

纠正方法：面对镜子做慢动作练习，体会动作要点。两人配合练习，一人以直拳击头部，一人侧闪防守。

动作应用：用于防守对方以直线拳法对头部的攻击。

图5-1-26

图5-1-27

4.下潜

动作说明：以实战姿势（左势）站立，屈膝下蹲，含胸沉胯、缩颈，两手护住头部两侧。如图5-1-28，图5-1-29。

动作要点：下蹲要快，屈膝、沉胯、缩颈动作要协调一致，目视对方。

易犯错误：只低头不屈膝，或只屈膝不含胸，沉胯不缩颈。

纠正方法：面对镜子体会动作，或同伴以横扫腿进攻、下蹲防守来体会正确姿势。

动作应用：用于防守对方以横向拳法、腿法对上盘的攻击。

图5-1-28

图5-1-29

5.提膝

动作说明：以实战姿势（左势）站立，后腿微屈，独立支撑，前腿屈膝提起。如图5-1-30，图5-1-31。

动作要点：重心后移，提腿要快，根据对方腿法进攻的路线、方向，膝关节分别有里合、外摆或垂直向外的变化。

易犯错误：身体前倾，支撑不稳。

纠正方法：多做快速提膝平衡后静止的练习。

动作应用：用于防守对方以正面或横向腿法对腿部的攻击。

图5-1-30

图5-1-31

第二节 防守反击技术

一、防守+手法反击

1.防守对方左直拳的反击

动作说明：对峙中，对方突然进步以左直拳攻击我方时，我方以左手防开，同时斜进对手左侧；以左手劈击对手肋部或颈部。如图5-2-1，图5-2-2，图5-2-3。

动作要点：斜进要快，防守与进攻同时进行。

易犯错误：右闪不快，近身不够。

纠正方法：两人多做配合练习。

动作应用：用于防守对方左直拳对头部，胸部和腹部的攻击。

图5-2-1

图5-2-2

图5-2-3

2.防守对方右直拳的反击

动作说明：对峙中，对方突然进步以右直拳攻击我方时，我方迅速以左臂截防，同左手搂抓其手腕，同时右手劈击打对手面部、颈部或肋部。如图5-2-4，图5-2-5，图5-2-6。

动作要点：抓按要紧，砍掌力量要猛。

易犯错误：右闪不快，近身不够。

纠正方法：两人多做配合练习。

动作应用：用于防守对方右直拳对头部，胸部、裆部和腹部的攻击。

图5-2-4

图5-2-5

图5-2-6

3.防守对方左掼拳的反击

动作说明：对峙中，对方以左掼拳攻击我头部，我方以右手挂挡，同时以左手反击其头部或胸部。如图5-2-7，图5-2-8。

动作要点：格挡，进攻要同时、一致。

易犯错误：格挡，进攻不一致。

纠正方法：多做配合练习。

动作应用：用于防守对方的左掼拳的攻击。

图5-2-7

图5-2-8

4.防守对方右掼拳的反击

动作说明：对峙中，对方突然进步以右掼拳攻击我方头部，我方左手格挡防守，同时以右直拳反击其躯干或头部。如图5-2-9，图5-2-10。

动作要点：格挡，进攻要同时、一致。

易犯错误：防守，反击不一致，动作脱节。

纠正方法：多做配合练习。

动作应用：用于防守对方的右掼拳的攻击。

图5-2-9

图5-2-10

5.防守对方抄拳的反击

动作说明：对峙中，对方突然进步以右（左）抄拳攻击我方，我方以左（右）手掩肘防守，同时以右（左）勾拳反击对方腹部。如图5-2-11，图5-2-12。

动作要点：动作要连贯、有力，步手要协调。

易犯错误：防守，反击不一致，造成动作脱节。

纠正方法：多做配合练习。

动作应用：用于防守对方的左右抄拳的攻击。

图5-2-11

图5-2-12

6.防守对方右鞭腿的反击

动作说明：对峙中，对方以右鞭腿攻击我方时,我方左手里挂防守，同时进步以右手反击其头颈胸部。如图5-2-13，图5-2-14，图5-2-15。

动作要点：动作要连贯、有力，步手要协调。

易犯错误：防守，反击不一致，动作脱节。

纠正方法：多做配合练习。

动作应用：用于防守对方的右鞭腿的攻击。

图5-2-13

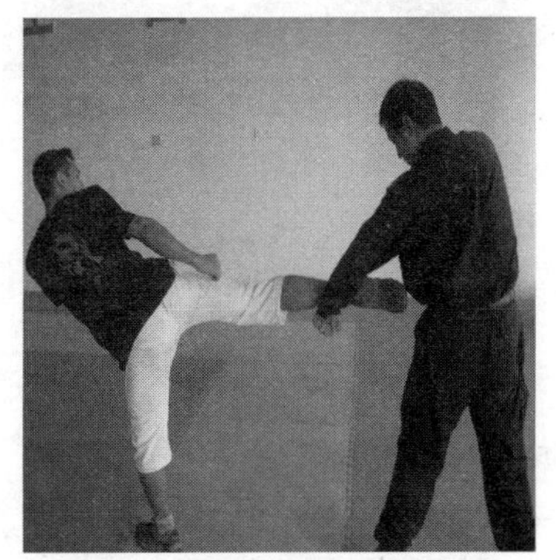

图5-2-14

图5-2-15

7.防守对方左鞭腿的反击

动作说明：对峙中，对方以左鞭腿攻击我方下盘时，我方提膝防守后，重心前移，以左掼拳反击对方头部。如图5-2-16，图5-2-17。

动作要点：动作要连贯、有力，提膝要快。

易犯错误：防守，反击不一致，动作脱节。

纠正方法：多做配合练习。

动作应用：用于防守对方的左鞭腿的攻击。

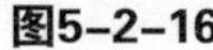

图5-2-16

图5-2-17

8.防守对方左踹（蹬）腿的反击

动作说明：对峙中，对方突然进步以左踹（蹬）腿攻击我方时，我方以左手防开，同时斜进对手右侧；以右手劈击对手肋部或颈部。如图5-2-18，图5-2-19，图5-2-20。

动作要点：斜进要快，防守与进攻同时进行。

易犯错误：右闪不快，近身不够。

纠正方法：两人多做配合练习。

动作应用：用于防守对方左（蹬）踹腿对头部，胸部和腹部的攻击。

图5-2-18

图5-2-19

图5-2-20

9.防守对方右踹（蹬）腿的反击

动作说明：对峙中，对方突然进步以右踹（蹬）腿攻击我方时，我方以左手防开，同时斜进对手右侧；以右手劈击对手头部、面部或胸部。如图5-2-21，图5-2-22，图5-2-23。

动作要点：斜进要快，防守与进攻同时进行。

易犯错误：右闪不快，近身不够。

纠正方法：两人多做配合练习。

动作应用：用于防守对方右（蹬）踹腿对头部，胸部和腹部的攻击。

图5-2-21

图5-2-22

图5-2-23

二、防守+腿法反击

1.拍压防守+蹬腿反击

动作说明：对方以左腿攻击我方胸腹部时，我方迅速后退半步，以左拳向下拍压对方攻击腿小腿后，迅速垫步以左（右）蹬腿反击其躯干部。如图5-2-24，图5-2-25，图5-2-26。

动作要点：防守、反击要一致。

易犯错误：后撤不快，近身不够。

纠正方法：两人多做配合练习。

动作应用：用于防守对方左蹬腿、左踹腿的攻击。

图5-2-24

图5-2-25

图5-2-26

2.里抄+蹬踢反击

动作说明：对方以右腿攻击我方躯干部时，我方右脚向右斜前方上步，左脚后撤右侧闪的同时，以右手里抄左手下压合抱对方左脚，然后以右脚蹬踢对方支撑腿膝盖或裆部，将其制服。如图5-2-27，图5-2-28，图5-2-29，图5-2-30。

动作要点：上步、防守、反击要一致。

易犯错误：右脚向右斜前方上步不快，近身不够。

纠正方法：两人多做配合练习。

动作应用：用于防守对方右腿的攻击。

图5-2-27

图5-2-28

图5-2-29

图5-2-30

3.防拳+勾踢反击

动作说明：当对方以拳法攻击我方时，我方用手格挡的同时，以左（右）勾踢反击。如图5-2-31，图5-2-32，图5-2-33。

动作要点：格挡和勾踢要协调一致。

易犯错误：防守与反击不一致。

纠正方法：两人多做配合练习。

动作应用：用于防守对方拳法的攻击。

图5-2-31

图5-2-32

图5-2-33

4.防鞭腿+蹬腿反击

动作说明：当对方以鞭腿攻击我方下盘时，我方用蹬腿蹬击其大腿或腹部。如图5–2–34，图5–2–35，图5–2–36。

动作要点：提膝要快。

易犯错误：提膝不快，攻击距离没掌握好。

纠正方法：两人多做配合练习。

动作应用：用于防守对方鞭腿的攻击。

图5–2–34

图5–2–35

图5–2–36

5.防踹腿+提膝防守反击

动作说明：当对方以左侧踹击打我方左小腿时，我方迅速提腿防守，同时以踹腿反击对方大腿部或腹部。如图5–2–37，图5–2–38，图5–2–39。

动作要点：提膝格挡后，快速起踹腿反击。

易犯错误：提膝不快，攻击距离没掌握好。

纠正方法：两人多做配合练习。

动作应用：用于防守对方踹腿的攻击。

图5-2-37

图5-2-38

图5-2-39

6.拍压+踹腿反击

动作说明：当对方以左踹腿攻击我方胸腹部时，我方迅速退步并用左手拍压防守后，然后垫步以左踹腿反击对方胸腹部。如图5-2-40，图5-2-41，图5-2-42。

动作要点：拍压防守后，立即反击。

易犯错误：躲闪退步太大，攻击距离没掌握好。

纠正方法：两人多做配合练习。

动作应用：用于防守对方踹腿的攻击。

图5-2-40

图5-2-41

图5-2-42

7.外挂+鞭腿反击

动作说明：当对方以右（左）鞭腿攻击我方中下盘时，我方以左（右）手向下外挂防守，同时以右（左）鞭腿反击其中下盘部位。如图5-2-43，图5-2-44，图5-2-45 。

动作要点：防守后，反击要快。

易犯错误：防守与进攻不协调一致。

纠正方法：两人多做配合练习。

动作应用：用于防守对方鞭腿的攻击。

图5-2-43

图5-2-44

图5-2-45

8.闪躲+鞭腿反击

动作说明：当对方以直拳攻击我方头部时，我方下潜闪躲。同时以鞭腿攻击其胸部。如图5–2–46，图5–2–47，图5–2–48。

动作要点：躲闪后，立即起腿反击。

易犯错误：下潜不快，与腿法反击不协调一致。

纠正方法：两人多做配合练习。

动作应用：用于防守对方鞭腿、拳法的攻击。

图5–2–46

图5–2–47

图5–2–48

第三节 防守反击摔法技术

摔法是指双方身体贴靠、扭抱时，利用合理的动作使对方失去平衡而倒地的方法。散打摔法是打与摔相结合的技艺，如能熟练的掌握摔法技术，并利用摔法进行反击能取到意想不到的效果。

1.抱鞭腿摔

动作说明：以实战姿势（左势）站立，对方用右（左）鞭腿或横向腿法向我中盘部位攻击时，立即用右（左）外抄技术抄抱对方左（右腿），同时右（左）腿迅速插入对方支撑腿后，别住其腿，然后上体左（右）转下压将其摔倒。如图5-3-1，图5-3-2，图5-3-3。

动作要点：抱腿要准，插腿要快，转体下压要有力。

易犯错误：抱腿不准、抱不住腿。摔不倒对方。

纠正方法：抓准抱腿时机，抄抱腿后两手要合抱；别腿、转压衔接要连贯。

动作应用：用于鞭腿防守反击。

图5-3-1

图5-3-2

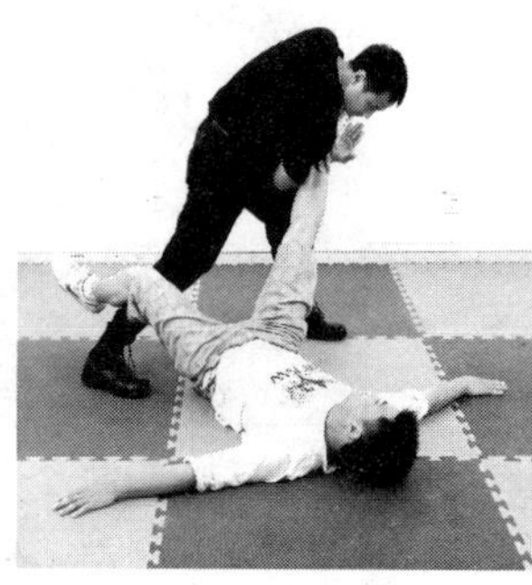

图5-3-3

2.抱单腿顶摔

动作说明：以实战姿势（左势）站立，对方用直拳攻击我方头部，我方迅速下蹲进步抱住其前面大腿，左手抱膝盖窝，右手抱小腿或踝关节，左肩顶其髋部；紧接身体向右后转体并撤步，将其前腿抱住并向上提拉，同时左肩猛向前下顶压其大腿部，将其摔倒。如图5-3-4，图5-3-5，图5-3-6

动作要点：下蹲进步要快，抱腿时肩顶髋部。

易犯错误：左肩没抵住其髋部，撤步慢。

纠正方法：抱腿时肩要前顶，使其前俯，方可顺势将其摔倒。

动作应用：用于直拳和掼拳的防守反击。

图5-3-4

图5-3-5

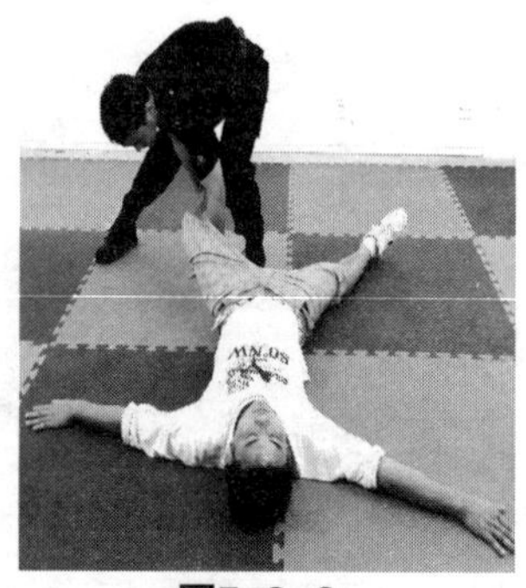

图5-3-6

3.切别摔

动作说明：以实战姿势（左势）站立，对方以右直拳或掼拳攻击我方时，我方迅速以左手搂抓住其手腕，上左步，右脚迅速跟进至其右腿右侧，同时右臂切击其颈部或胸部，利用切击和别腿之合力将其摔倒。如图5-3-7，图5-3-8，图5-3-9，图5-3-10。

动作要点：上步要快，抓腕要准，切、别动作要迅猛。

易犯错误：切与别腿脱节，使对方有解脱之机。

纠正方法：上步近身要突然，切、别要连贯。

动作应用：用于拳法防守反击。

图5-3-7

图5-3-8

图5-3-9

图5-3-10

4.抄腿勾推摔

动作说明：以实战姿势（左势）站立，对方以右鞭腿攻击我方中盘，我方迅速右闪步以左手抄住其腿，进步由其内勾其支撑腿，同时用右掌向前推击对方胸部，使其后仰摔倒。如图5-3-11，图5-3-12，图5-3-13。

动作要点：闪步要快，抄腿要准，抄腿、勾腿与前推衔接要紧。

易犯错误：抄腿时没闪步，以致抄住没法前推。

纠正方法：多做左、右闪步抄抱练习。

动作应用：用于鞭腿防守反击。

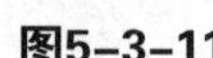

图5-3-11

图5-3-12

图5-3-13

5.涮腿摔

动作说明：以实战姿势（左势）站立，对方以左蹬腿攻击我中盘部位时，我迅速左侧闪步，左手里抄住其腿，右手迅速抓住对方被抄腿脚踝，双手合力向下、向后向左、向上弧形摇起，使对方失去平衡而摔倒。如图5-3-14，图5-3-15，图5-3-16。

动作要点：抄腿要准，抓腿要紧，抓腿与摇涮动作连接要紧。

易犯错误：抓腿后往后拖，摔不倒对方。

纠正方法：多做双手弧形摇涮练习。

动作应用：用于踹腿和蹬腿的防守反击。

图5-3-14

图5-3-15

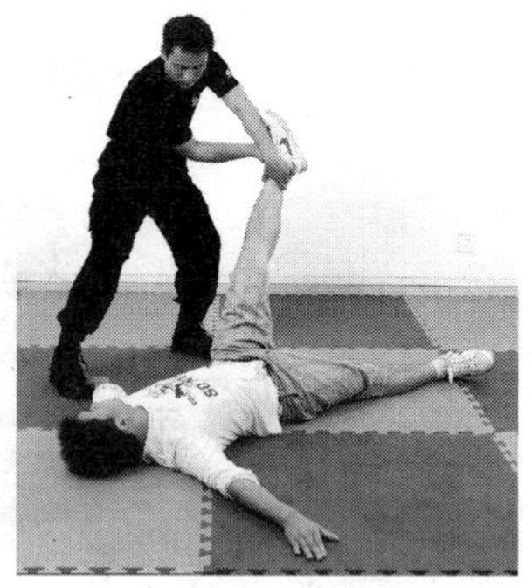

图5-3-16

6.抱腿前顶摔

动作说明：以实战姿势（左势）站立，对方以拳法攻击我方头部时，我方迅速下潜躲闪，两手抱住对方两腿后膝窝，屈肘，上抬回拉，同时左肩前顶对方大腿或腹部，使对方向后摔倒。如图5-3-17，图5-3-18，图5-3-19。

动作要点：下潜要快、抱腿紧，两臂上抬回拉与肩顶要用力连贯。

易犯错误：抱腿后只顶没拉或只拉不顶，摔不倒对方。

纠正方法：强调抱腿后回拉与前顶要一气呵成。

动作应用：可用于拳法防守反击。

图5-3-17

图5-3-18

图5-3-19

7.扛摔

动作说明：以实战姿势（左势）站立，对方以右拳攻击我方头部时，我方左手搂防并抓握对方右手，同时迅速上右步，右腿与右手插入对方裆下，右手抱住对方右大腿，左手拉其右手，顺势将对方扛起摔出。如图5-3-20，图5-3-21，图5-3-22。

动作要点：搂抓手要准，上步要快，抱腿、拉臂、上扛要一气呵成。

易犯错误：抱腿与拉臂动作脱节，扛不起对方。

纠正方法：多做左手拉，右手上挑的连贯练习。

动作应用：用于拳法防守反击。

图5-3-20

图5-3-21

图5-3-22

8.接左蹬（踹）腿勾踢摔

动作说明：以实战姿势（左势）站立，对方以左蹬（踹）腿攻击我头胸腹部时，我右手抄抱上托其脚，左手扣住其脚，并以左上臂抵住其脚掌，动作不停，扣住其脚踝向左侧拉动，同时左脚外翻并向左侧跟进，上体右旋，右臂自下而上穿过其膝盖窝处上抬，右脚随即勾踢对方支撑腿的脚踝处，将其摔倒。如图5-3-23，图5-3-24，图5-3-25 ，图5-3-26。

动作要点：接腿，上步要快。

易犯错误：接不住对方的腿、摔不倒对方。

纠正方法：锁扣回拉、上步、上抬下勾，动作要流畅，不可脱节。

动作应用：可用于左蹬（踹）腿的防守反击。

图5-3-23

图5-3-24

图5-3-25

图5-3-26

第六章
徒手防卫中的解脱技术

【学习目标】

1．熟练掌握抓腕解脱、抓胸（肩）解脱、锁喉（夹脖）解脱、抱腰解脱、抓发解脱、抱腿解脱等各种徒手解脱技术。

2．熟练掌握各种徒手解脱技术在实战中的应用能力，培养处置突发事件的能力。

3．通过训练有效地提高学员的战斗力，利用解脱技术迅速解脱自己并将犯人或犯罪嫌疑人制伏，尽量减少学员在执法活动中的风险。

第一节　抓腕解脱

一、单臂抓腕的解脱

（一）对方右手抓我右腕的解脱

方法一

动作说明：当对方右手自上而下抓我方右腕时，我方左手随即抓握对方右手腕回拉的同时，被抓手臂直臂往下伸，形成交错力，右腕从对方虎口开口方向脱出。此法较温和，且不会带动对方重心。如图6–1–1，图6–1–2，图6–1–3。

动作要点：①直臂下伸。

②形成交错力。

易犯错误：①曲臂下伸，没有交错发力。

②回拉同时，手臂横向摆动。

纠正方法：强调直臂下伸同时回拉，形成交错力。

动作应用：实战中，如对方是体型瘦弱者、老年人或孕妇，可采用此法。避免牵引对方重心，致其摔倒，矛盾升级，或被不法分子利用，进而引发群体性事件。

图6-1-1

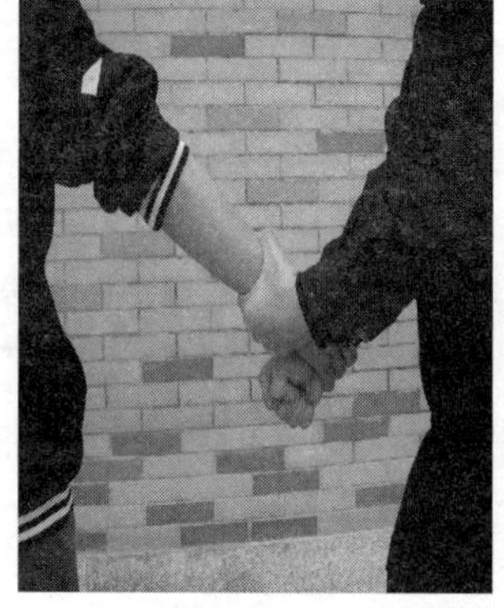

图6-1-2

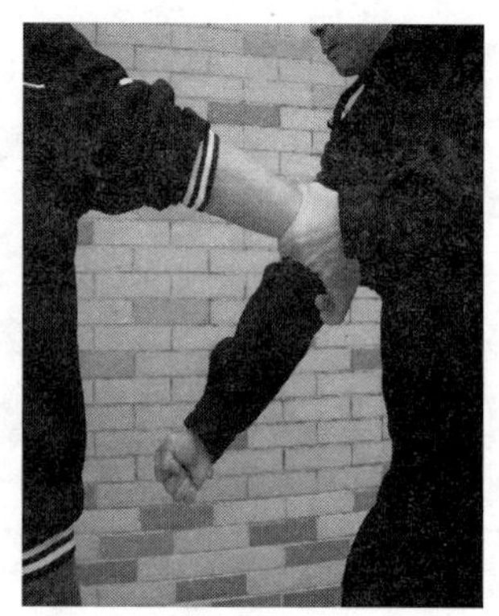

图6-1-3

方法二

动作说明：当对方右手自上而下抓我方右腕时，我方右臂外旋同时，由下往上用力屈肘回拉，同时身体右转，使右腕从对方虎口开口方向脱出。此法用力突然，可能会牵引对方重心移动。如图6-1-4，图6-1-5，图6-1-6，图6-1-7。

图6-1-4

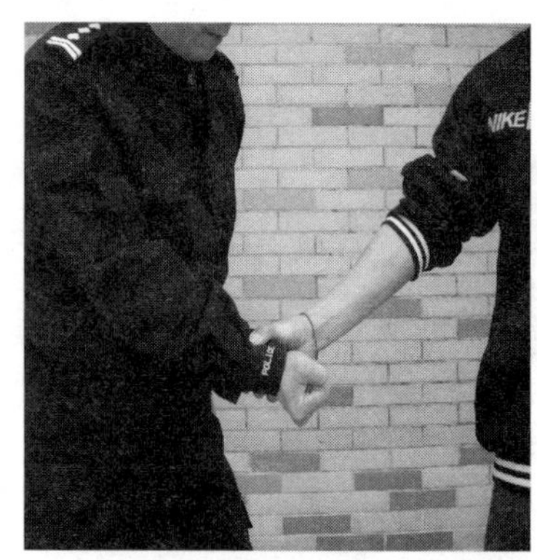

图6-1-5

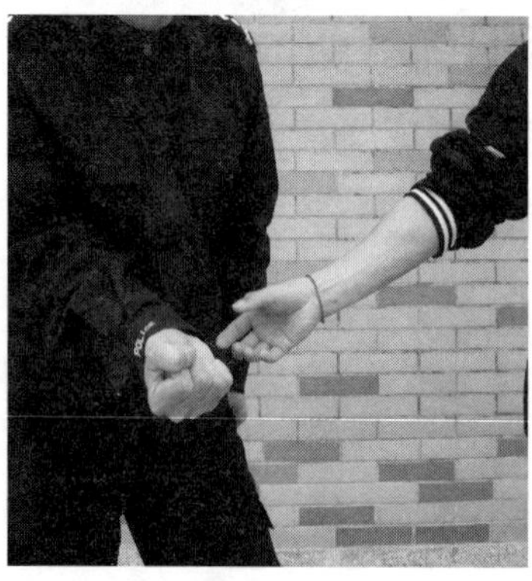

图6-1-6

图6-1-7

动作要点：①屈肘回拉的同时，手臂外旋，使手腕拇指一侧朝向对方虎口开口方向。

②回拉同时，转腰发力。

易犯错误：①直臂摆或拉。

②回拉不转腰发力。

纠正方法：①徒手体会动作说明。

②配手虚力抓握，多次反复体会。

动作应用：实战中，可以通过语言劝告或警告，分散对方注意力，抓住时机，突然发力，解脱后即控制距离。如果需要武力升级，则在执法环境和客观条件允许下，随后产生劈掌动作，如图6–1–8；或进而用切胯摔控制。如图6–1–9。

图6–1–8

图6–1–9

方法三

动作说明：当对方右手自下而上抓我右腕时，我右臂由上往下用力下压其右拇指，同时身体右转，使右腕从对方虎口开口方向脱出。此法用力突然，可能会牵引对方重心移动。如图6–1–10，图6–1–11，图6–1–12。

动作要点：①下压拇指侧。

②下压发力后，随即身体右转，动作发力程序要协调。

易犯错误：①下压对正虎口。

②不转体。

纠正方法：①明确对方拇指是弱点，说明手腕被抓解脱动作产生的机理。

②配手虚力抓握，多次反复体会。

动作应用：实战中，往往是违法行为人或其亲属阻挠警察某一行为，主动抓握警察手腕时使用。

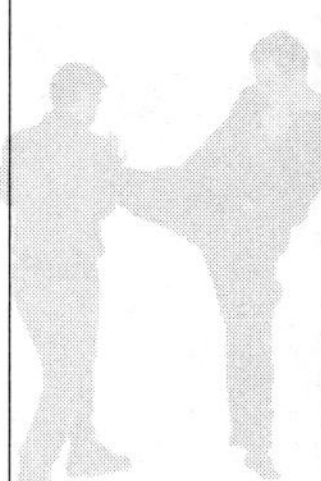

图6-1-10

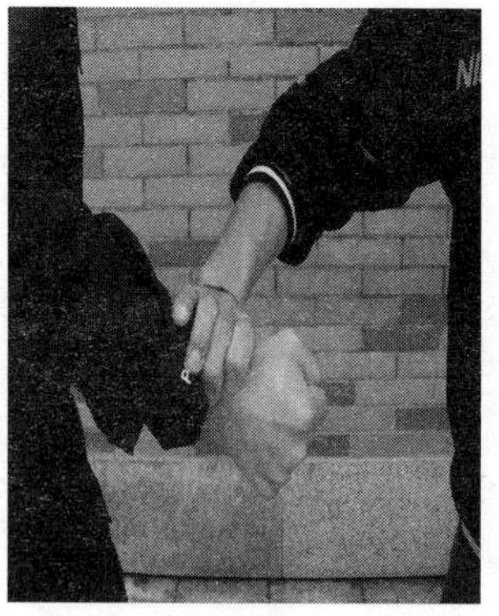

图6-1-11

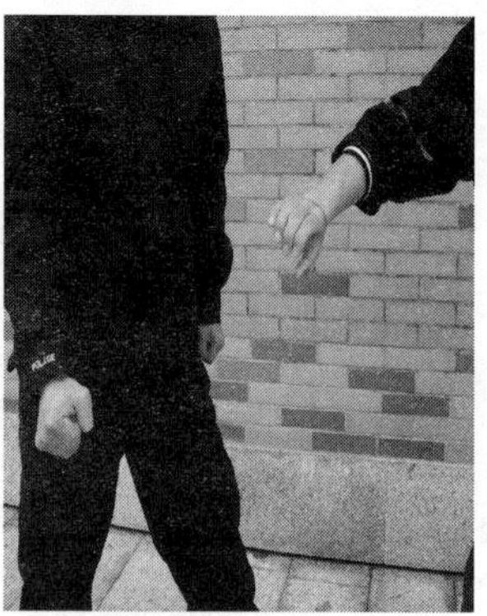

图6-1-12

方法四

动作说明：当对方右手自下而上抓我方右腕时，我方左手随即抓握对方右手腕下压，同时右臂由下往上用力向上伸，身体左转，使右腕从对方虎口开口方向脱出。此法相对温和，不会牵引对方重心移动。如图6-1-13，图6-1-14，图6-1-15。

动作要点：①左手下压方向应顺右臂方向。

②压腕与伸臂是一对交错力。

易犯错误：①左手抓腕垂直右臂方向回拉，而不是顺右臂方向下压。

②压腕与伸臂不同时。

纠正方法：①强调左手下压的方向。

②多次反复体会。

动作应用：实战中，如对方是体型瘦弱者、老年人或孕妇，可采用此法。避免牵引对方重心，致其摔倒，矛盾升级，或被不法分子利用，进而引发群体性事件。

图6-1-13

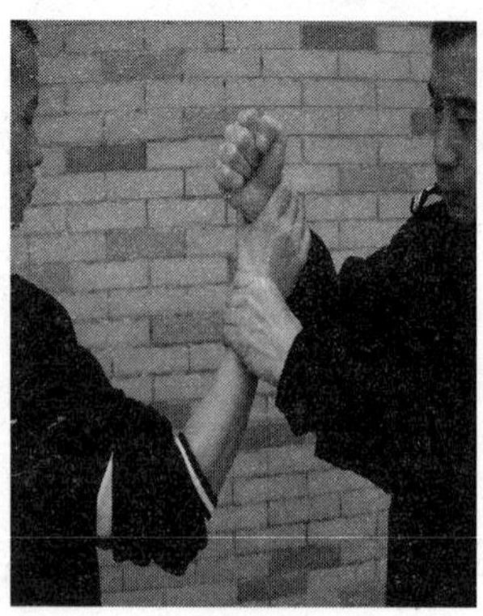

图6-1-14

图6-1-15

（二）对方左手抓我方右腕的解脱

方法一

动作说明：当对方左手自上而下抓我方右腕时，我方右手随即以对方虎口为支点，压肘挑掌，使右腕从对方虎口开口方向脱出。此法较温和，且不会带动对方重心。如图6–1–16，图6–1–17。

动作要点：①以对方虎口为支点。

②压肘、挑掌成杠杆发力。

易犯错误：①单纯以挑掌解脱，没有支点。

②发力同时，没有稍内旋右手臂。

纠正方法：①明确发力支点。

②配手虚力抓握，分解动作反复体会。

动作应用：实战中，如对方是体型瘦弱者、老年人或孕妇，可采用此法。避免激化矛盾，造成严重后果。

图6–1–16

图6–1–17

方法二

动作说明：当对方左手自上而下抓我方右腕时，我方右臂由下往上用力屈肘回拉，同时身体左转，使右腕从对方虎口开口方向脱出。此法用力突然，可能会牵引对方重心移动。如图6–1–18，图6–1–19，图6–1–20。

动作要点：①屈肘回拉的同时，手臂内旋。

②回拉发力同时，左转腰。

易犯错误：①右手直臂向内摆臂。

②会拉发力不向左转腰。

纠正方法：①徒手体会动作。

②配手虚力抓握，分解动作反复体会。

动作应用：实战中，可以通过语言劝告或警告，分散对方注意力，抓住时机，突然发力，达到解脱目的后立即控制距离。如果需要武力升级，则在执法

环境和客观条件允许下，随后产生劈掌动作。

图6-1-18

图6-1-19

图6-1-20

方法三

动作说明：当对方左手自下而上抓我方右腕时，我方右臂由上往下用力下压其左拇指，同时身体右转，使右腕从对方虎口开口方向脱出。此法用力突然，可能会牵引对方重心。如图6-1-21，图6-1-22，图6-1-23。

动作要点：①下压拇指侧。

②下压发力后，随即身体右转，动作发力程序要协调。

易犯错误：①下压对正虎口。

②不转体。

纠正方法：①明确对方拇指是弱点，熟悉手腕被抓解脱动作产生的机理。

②配手虚力抓握，多次反复体会。

动作应用：实战中，往往是违法行为人或其亲属阻挠警察某一行为，主动抓握警察手腕时使用。

图6-1-21

图6-1-22

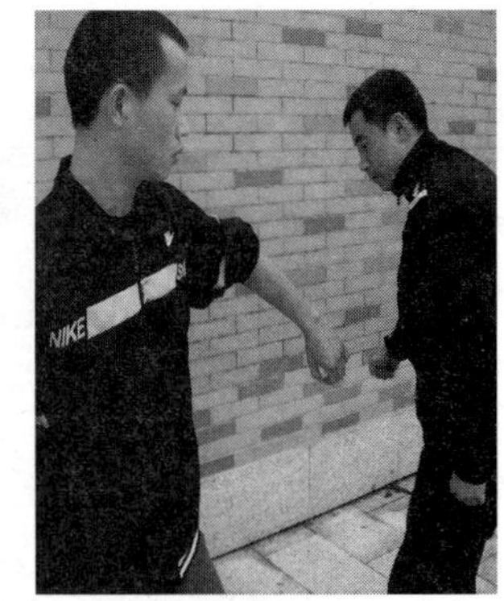

图6-1-23

二、双臂抓右腕的解脱

（一）对方双手自上而下抓握我方右腕的解脱

方法一

动作说明：当对方双手自上而下抓握我方右腕时，我方左手随即抓握对方右手腕。回拉的同时，被抓手臂直臂往下伸，形成交错力，右腕从对方右手虎口开口方向脱出。随即，我方右臂由下往上用力屈肘回拉，同时身体左转，使右腕从对方左手虎口开口方向脱出。左手抓握对方右手腕不放，则不会带动对方重心。如图6–1–24，图6–1–25，图6–1–26，图6–1–27。

动作要点：①解脱对方右手时，发力要形成交错；解脱对方左手时，我方右臂内旋，回拉转体。

②先解脱对方右手，再解脱对方左手。

易犯错误：①解脱对方单手时，动作不到位。

②分不清解脱动作的先后顺序。

纠正方法：①规范单手抓握的解脱动作。

②分解动作，反复体会。

动作应用：实战中，如对方是体型瘦弱者、老年人或孕妇，可采用此法。避免牵引对方重心，致其摔倒，矛盾升级，或被不法分子利用，进而引发群体性事件。

图6–1–24

图6–1–25

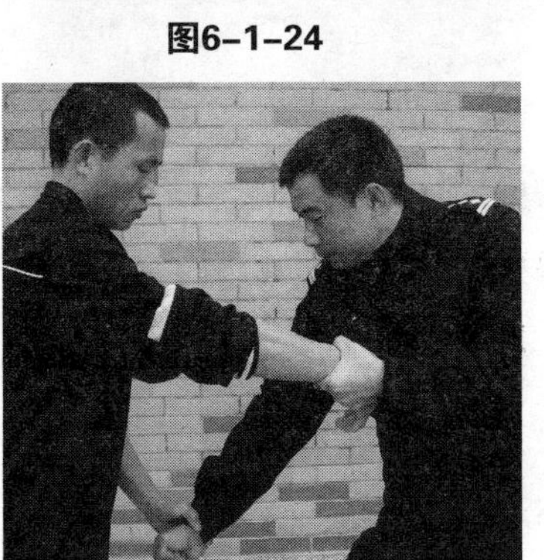

图6–1–26

图6–1–27

方法二

动作说明：当对方双手自上而下抓握我方右腕时，我方左手随即从对方两臂之间伸入，抱住自己的右拳，向上回拉的同时，身体左转发力，使右腕从对

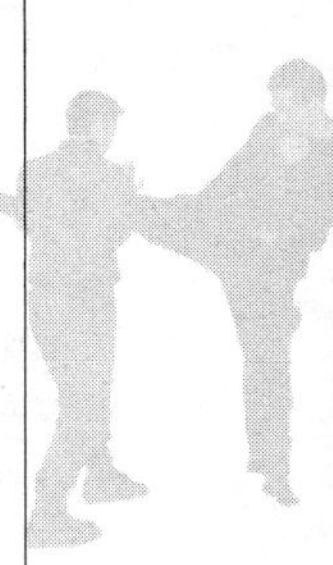

方双手虎口开口方向脱出。此法用力较猛，会牵引对方重心。如图6–1–28，图6–1–29，图6–1–30。

动作要点：①左手抱紧右拳，形成一个整体。

②回拉时，蹬地转腰。

易犯错误：①左手抱握右拳回拉脱手。

②回拉手臂时，单纯手臂发力，没有形成合力。

纠正方法：配手虚力抓握，多次反复体会合力整劲。

动作应用：实战中，可以通过语言劝告或警告，分散对方注意力，抓住时机，突然发力，达到解脱目的后立即控制距离。

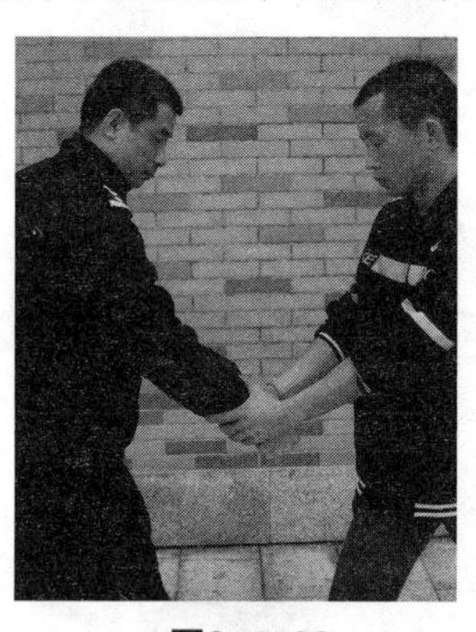

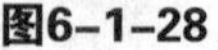

图6–1–28

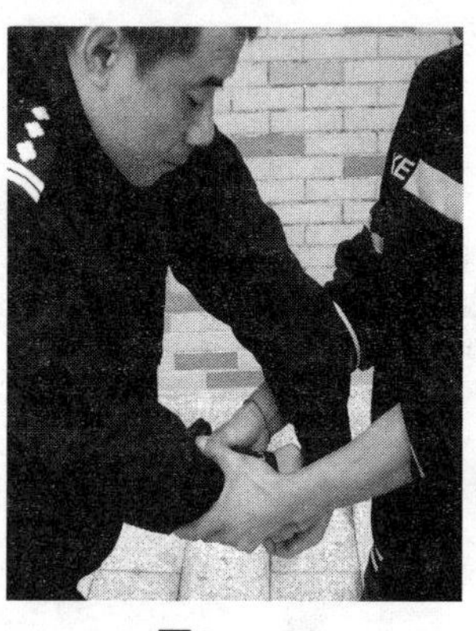

图6–1–29

图6–1–30

方法三

动作说明：当对方双手自上而下抓握我方右腕时，我方迅速降低重心，左手随即从对方两臂之间伸入，抱住自己的右拳，两腿蹬伸并向前滑步的同时，右肘自下往上挑顶。此法用力较猛，结合了打法。如图6–1–31，图6–1–32，图6–1–33。

动作要点：①回拉和上挑同时发力，步法紧跟。

②肘部由下向上挑顶，借助蹬地力量。

易犯错误：①上挑右肘时，没有紧跟步法。

②挑肘发力方向不对。

纠正方法：①徒手分解动作反复体会。

②配手虚力抓握，多次练习。

动作应用：实战中，当对方不听劝告或警告，甚至可能或已经出现其他进攻动作（如脚踢或蹬踹），结合执法环境与条件，则可使用此法。

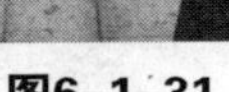
图6-1-31

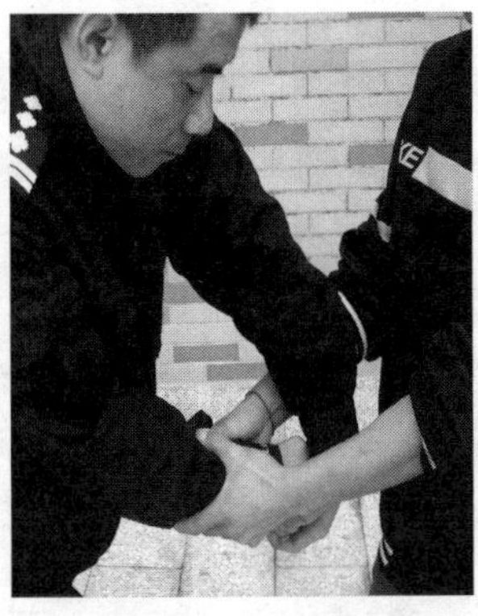

图6-1-32

图6-1-33

（二）对方双手自下而上抓握我方右腕的解脱

方法一

动作说明：当对方双手自下而上反抓握我方右腕时，我方左手随即自下而上从对方两臂之间伸入，抱住自己的右拳，向下回拉的同时，身体左转发力，使右腕从对方双手虎口开口方向脱出。如图6–1–34，图6–1–35，图6–1–36，图6–1–37。

动作要点：①下拉时，两手臂合力动作，右臂要内旋。

②下拉的同时，左转腰发力。

易犯错误：①左手下拉脱手。

②下拉、内旋右臂、左转腰发力不同时。

纠正方法：①左手抱紧右拳。

②徒手分解练习，再配手虚力抓握反复体会。

动作应用：实战中，可以通过语言劝告或警告，分散对方注意力，抓住时机，突然发力，达到解脱目的后立即控制距离。

图6–1–34

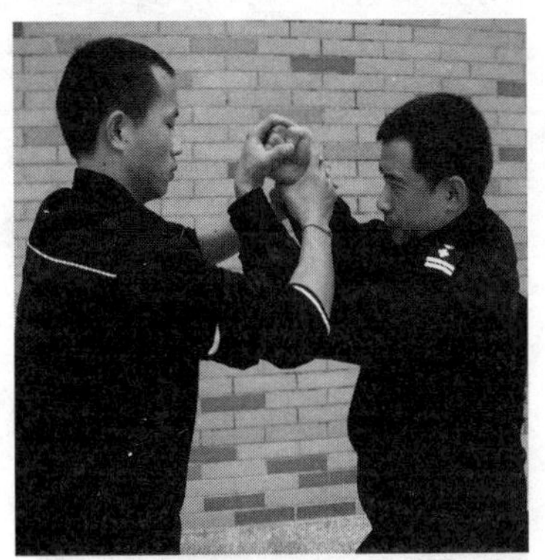

图6–1–35

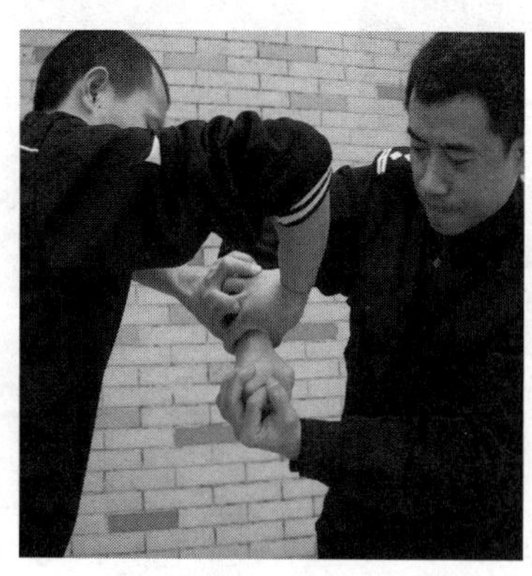

图6-1-36

图6-1-37

方法二

动作说明：当对方双手自下而上反抓握我方右腕时，我方左手随即自下而上抓握对方右手腕下拉，使对方右手脱出；随即，我方右手下压对方左拇指，同时身体右转，使右手腕从对方左虎口脱出。如图6–1–38，图6–1–39，图6–1–40，图6–1–41。

动作要点：①解脱对方右手时，发力要形成交错；解脱对方左手时，身体右转。

②先解脱对方右手，再解脱对方左手。

易犯错误：①解脱对方单手时，动作不到位。

②分不清解脱动作的先后顺序。

纠正方法：①规范单手抓握的解脱动作。

②分解动作，反复体会。

动作应用：实战中，如对方是体型瘦弱者、老年人或孕妇，可采用此法。避免牵引对方重心，致其摔倒，矛盾升级，或被不法分子利用，进而引发群体性事件。

图6–1–38

图6–1–39

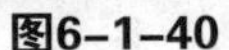

图6-1-40

图6-1-41

三、双手抓双腕的解脱

（一）对方双手自上而下抓握我方双腕的解脱

方法一

动作说明：当对方双手分别自上而下抓握我方双腕时，我方右手迅速抓握对方右手腕固定，左手同时屈肘回拉前臂，使左手腕从对方右手虎口脱出；随即，我方右手松开对方右手腕，屈肘回拉右前臂的同时，身体左转使右手腕从对方左手虎口脱出。此法较温和，由于双臂交叉发力，较难牵引对方重心。如图6–1–42，图6–1–43，图6–1–44，图6–1–45。

动作要点：①解脱对方右手时，要固定对方右手腕；解脱对方左手时，内旋右臂，屈肘回拉并转腰。

②先解脱对方右手，再解脱对方左手。

易犯错误：①解脱对方单手时，动作不到位。

②分不清解脱动作的先后顺序。

纠正方法：①针对性分解练习。

②配手虚力抓握，反复体会。

动作应用：实战中，先解脱对方强手，再解脱弱手。如对方是体型瘦弱者、老年人或孕妇，可采用此法。如对方身体强壮，趁其不备，也可采用双臂同时外旋，屈肘回拉，同时，后滑步解脱。

图6–1–42

图6–1–43

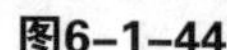

图6-1-44

图6-1-45

方法二

动作说明：当对方双手自上而下抓握我方双腕时，（以对方右脚在前为例）我方被抓右臂稍右上摆，随即左臂猛向右上方大幅度摆动（向右臂腾出的空间）至双臂交叉上扬，同时我方左脚向右勾踢对方右脚，使对方失去重心摔倒，本能松开抓握手。此法动作较大，必使对方摔倒，慎用。如图6-1-46，图6-1-47，图6-1-48。

动作要点：①左臂摆动时，牵引对方重心。

②勾踢方向顺对方右脚尖指向方向。

易犯错误：①摆臂没有牵动对方重心。

②勾踢不及时，方向不正确。

纠正方法：①徒手完整动作，反复练习。

②配手实力抓握，多次体会。

动作应用：实战中，当对方不听劝告或警告，甚至可能或已经出现其他进攻动作（如脚踢或蹬踹），结合执法环境与条件，则可使用此法。

图6-1-46

图6-1-47

图6-1-48

（二）对方双手自下而上抓握我方双腕的解脱

方法一

动作说明：当对方自下而上抓握我方双腕时，我方双手分别以单臂抓握的解法依次解脱即可。此法较温和，不会牵引对方重心。如图6-1-49，图6-1-50，图6-1-51。

动作要点：①向对方拇指侧发力。

②依次解脱对方双手。

易犯错误：①发力不向对方拇指侧。

②没有依次解脱对方双手。

纠正方法：①强调对方拇指是弱点。

②配手虚力抓握，多次体会动作。

动作应用：实战中，如对方是体型瘦弱者、老年人或孕妇，可采用此法。避免激化矛盾，造成严重后果。

图6-1-49

图6-1-50

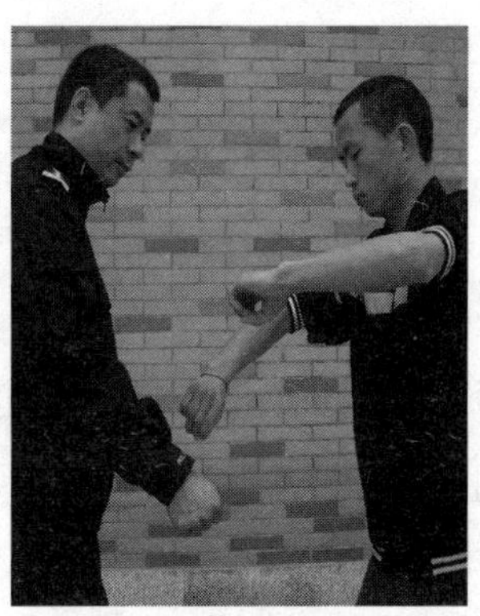

图6-1-51

方法二：

动作说明：当对方自下而上抓握我方双腕时，我方双手十指交叉合握，随即后撤一步，双手向下压对方两拇指，并向对方前下方牵引，即解。此法动作较大，大幅度地牵引对方重心。如图6-1-52，图6-1-53，图6-1-54。

动作要点：①双手十指交叉合握，下压对方拇指。

②同时发力解脱对方双手。

易犯错误：①双手没有合握，不下压对方拇指。

②下压发力时没有撤步。

纠正方法：①强调双手十指交叉合握，同时下压对方拇指。

②配手虚力抓握，多次体会动作。

动作应用：实战中，可以通过语言劝告或警告，分散对方注意力，抓住时机，突然发力，达到解脱目的后立即控制距离；必要时，随即抓臂跪压控制。

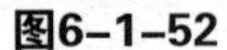
图6-1-52

图6-1-53

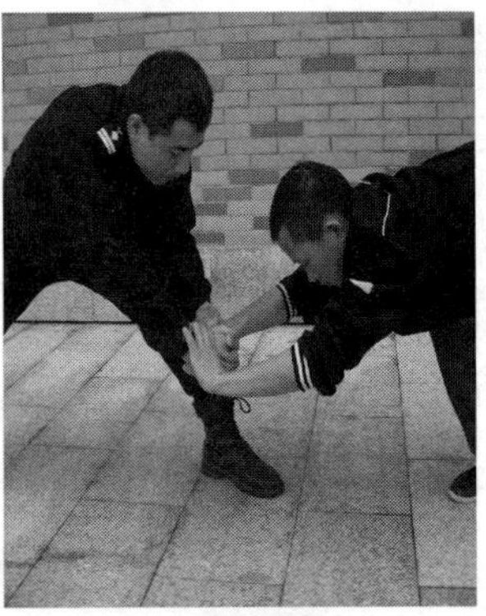
图6-1-54

第二节 抓胸（肩）解脱

一、对方单手屈臂抓胸（肩）解脱

方法一

动作说明：当对方右手（以右手为例）屈臂抓我方胸部时，我方左手随即抓握对方右手拇指一侧（拇指放在对方手背，其余四指放在对方手心）用力外掰，随即，我方右手迅速抓握对方右手小指一侧（拇指放在对方手背，其余四指放在对方手心），双手合力卷腕并折压对方右手腕。如图6-2-1，图6-2-2，图6-2-3。

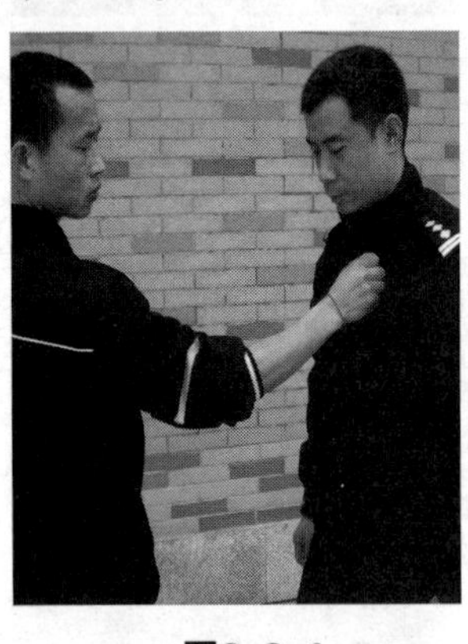
图6-2-1

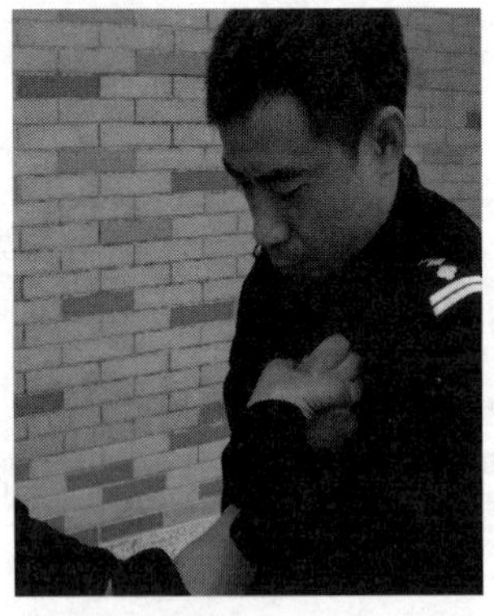
图6-2-2

图6-2-3

动作要点：①左手外掰要突然，右手抓握要及时。

②双手抓握要准确，卷腕或折压发力要同时。

易犯错误：①右手抓握不及时。

②卷腕或折压动作不到位。

纠正方法：①分解动作，强调关键。

②配手虚力抓握，多次体会动作。

动作应用：实战中，对方抓胸并伴有推搡动作时，抓住时机发力；如周围有围观群众，也可在发力时，身体向左下俯身，在公众前示弱并隐蔽我方卷腕或折压的动作。如图6-2-4，图6-2-5，图6-2-6，图6-2-7。

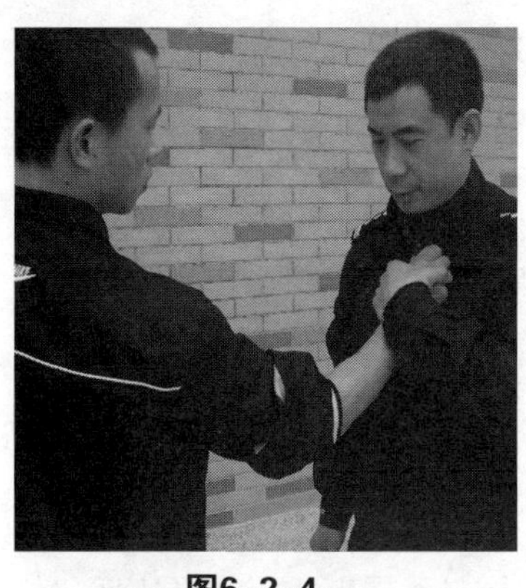
图6-2-4

图6-2-5

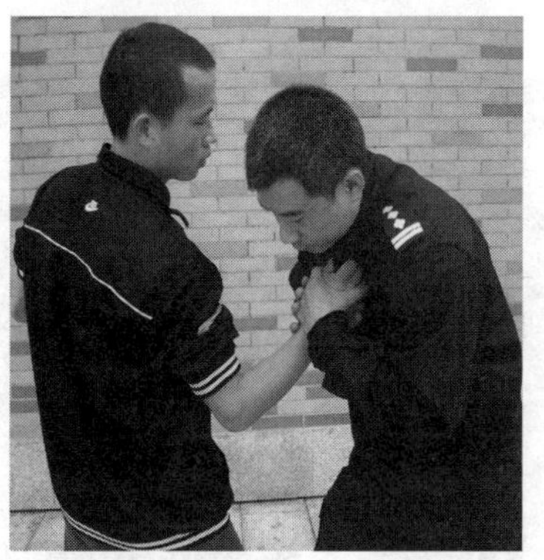
图6-2-6

图6-2-7

方法二

动作说明：当对方右手（以右手为例）屈臂抓我方胸部时，我方右手随即抓摁对方右手，使对方右手掌根紧贴并固定在我胸口，同时，我方左手猛力向右向上推压对方右手肘部，在对方肩肘受别感觉疼痛时，迅速松手并后撤。（当对方右手屈臂抓我方左肩部时同样可用此法）如图6-2-8，图6-2-9，图6-2-10。

图6-2-8

图6-2-9

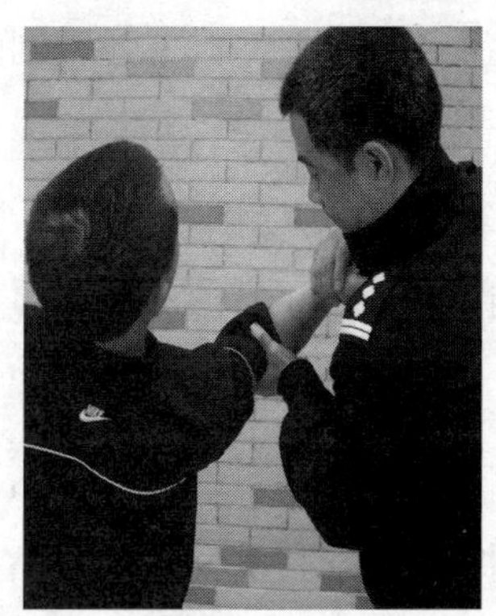
图6-2-10

动作要点：①发力前必须固定对方右掌根。

②左手横向猛力推击。

易犯错误：①右手没有固定就发力。

②左手发力方向不正确。

纠正方法：①分解动作，强调杠杆原理。

②配手虚力抓握，多次体会动作。

动作应用：实战中，可以通过语言劝告或警告，分散对方注意力，抓住时机，突然发力，达到解脱目的后立即控制距离。

方法三

动作说明：当对方右手（以右手为例）屈臂抓我方胸部时，我方左手随即猛力向右向上推压对方右手肘部的同时，右手伸至对方头部左侧面拇指点压耳后穴向侧下推压，将对方拧别倒地（当对方右手屈臂抓我方左肩部时同样可用此法）。如图6–2–11，图6–2–12，图6–2–13。

图6–2–11

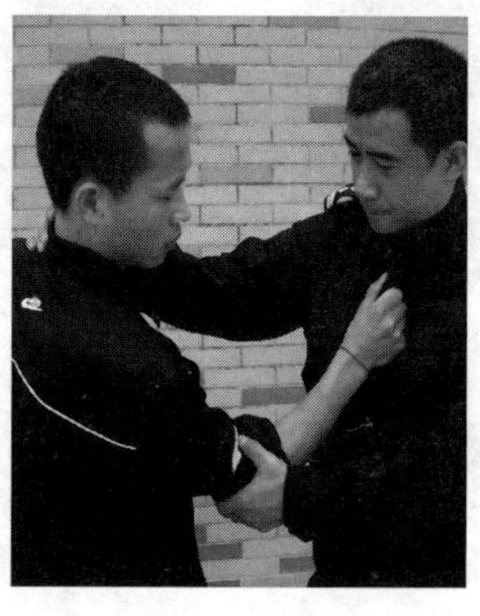

图6–2–12

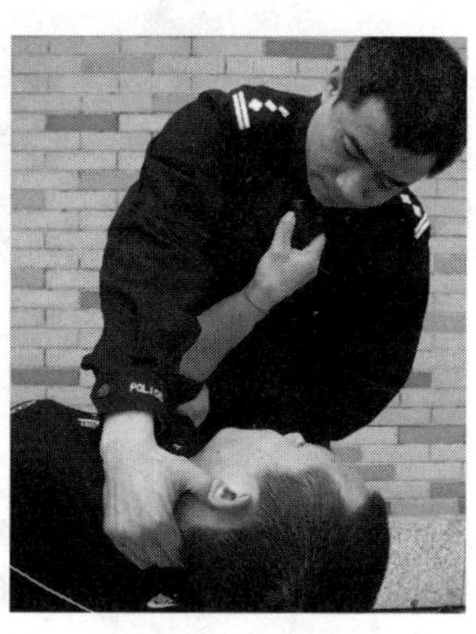

图6–2–13

动作要点：①左手横向朝斜上发力，右手向左下推压。

②左右手同时发力，形成拧别。

易犯错误：①发力不同时。

②方向不正确。

纠正方法：①强调同时发力和方向。

②配手虚力抓握，多次体会动作。

动作应用：实战中，可以通过语言劝告或警告，分散对方注意力，抓住时机，突然发力，达到解脱目的后立即控制距离。

方法四

动作说明：当对方右手（以右手为例）屈臂抓我方胸部时，我方左手迅速抓摁对方右手，使对方右手掌根紧贴并固定在我方胸口，随即，我方右手侧上举，直臂以肩关节为轴，向内、向下抡臂，用我方右大臂砸压对方右前臂和肘部，在对方右肘向内、向上摆并身体微左转时，我方右手臂屈臂上抄，控别对方肩肘关节（当对方右手屈臂抓我右肩部时同样可用此法）。如图6–2–14，图6–2–15，图6–2–16，图6–2–17。

图6–2–14

图6–2–15

图6–2–16

图6–2–17

动作要点：①右手直臂以肩关节为轴抡臂。

②右手臂屈臂上抄前要转腰。

易犯错误：①右手没有直臂以肩关节为轴抡臂。

②右手臂屈臂上抄前没有转腰，不能完成上抄动作并控别对方肩肘关节。

纠正方法：①动作分解徒手多次练习。

②配手虚力抓握，多次体会动作。

动作应用：实战中，可以通过语言劝告或警告，分散对方注意力，抓住时机，突然发力，达到解脱和控制的目的。

方法五

动作说明：当对方右手掌推我方左胸（肩）时，我方右手随即抓摁对方右手掌，使对方右手掌根紧贴并固定在我方胸（肩）部，我方上体向右下俯压的同时，左臂侧上举，向内屈臂肘压对方右前臂，同时我方屈膝降低重心，腰微向左转，左肘继续下压并向外挂别，使对方手腕受制。如图6–2–18，图

6-2-19，图6-2-20，图6-2-21。

图6-2-18

图6-2-19

图6-2-20

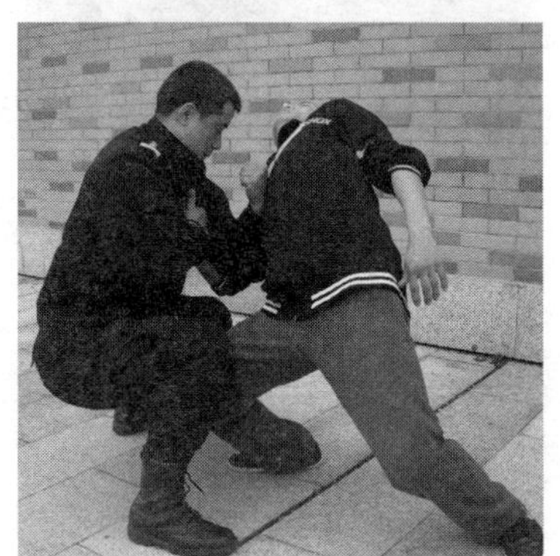
图6-2-21

动作要点：①扣掌要牢固。

②压臂要及时，身法要自然。

易犯错误：①扣掌不牢固，效果不明显。

②压臂方向不正确，没有降低重心和转腰。

纠正方法：①动作分解徒手多次练习。

②配手虚力抓握，多次体会动作。

动作应用：实战中，可以通过语言劝告或警告，分散对方注意力，抓住时机，突然发力，达到解脱和控制的目的。

方法六

动作说明：当对方右手抓我方左肩时，我方右手迅速抓摁对方右手，使对方右手紧贴并固定在我方肩部，随即，我方左臂直臂以肩关节为轴，由下向内，经胸前向外抡臂，右转腰同时，向我方右上方抡别对方肩肘关节。如图6-2-22，图6-2-23，图6-2-24，图6-2-25。

图6-2-22

图6-2-23

图6-2-24

图6-2-25

动作要点：①左手直臂以肩关节为轴抡臂。

②抡别对方肩肘关节同时要右转腰。

易犯错误：①左手没有直臂以肩关节为轴抡臂。

②左手臂屈臂上抄前没有转腰。

纠正方法：①动作分解徒手多次练习。

②配手虚力抓握，多次体会动作。

动作应用：实战中，可以通过语言劝告或警告，分散对方注意力，抓住时机，突然发力，达到解脱和控制的目的。

二、对方单手直臂抓胸（肩）解脱

方法一

动作说明：对方右手直臂抓我方胸（肩）时，我方右手迅速抓握对方右手掌外沿（拇指放在对方手背，其余四指放在对方手心）用力外掰，随即，我方左手迅速抓握对方右手拇指一侧（拇指放在对方手背，其余四指放在对方手心），双手合力折压对方右手腕。如图6-2-26，图6-2-27，图6-2-28。

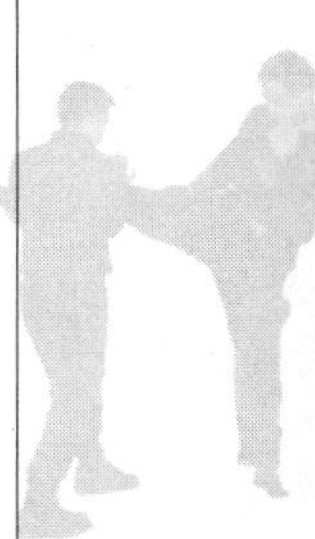

图6-2-26

图6-2-27

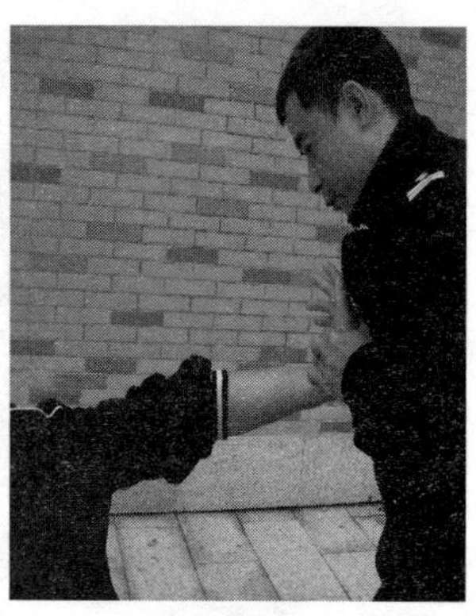
图6-2-28

动作要点：①右手外掰要突然，左手抓握要及时。

②双手抓握要准确，折腕发力要同时。

易犯错误：①左手抓握不及时。

②折腕动作不到位。

纠正方法：①分解动作，强调关键。

②配手虚力抓握，多次体会动作。

动作应用：实战中，可以通过语言劝告或警告，分散对方注意力，抓住时机，突然发力，达到解脱和控制的目的。

方法二

动作说明：对方右手直臂抓我方胸（肩）时，我方右手迅速抓握并固定对方右手，随即我方左手屈臂用前臂贴靠对方右肘，同时，我方身体右转并撤步，用左手臂猛力向下反关节压对方右肘，绊摔对方。如图6-2-29，图6-2-30，图6-2-31，图6-2-32。

图6-2-29

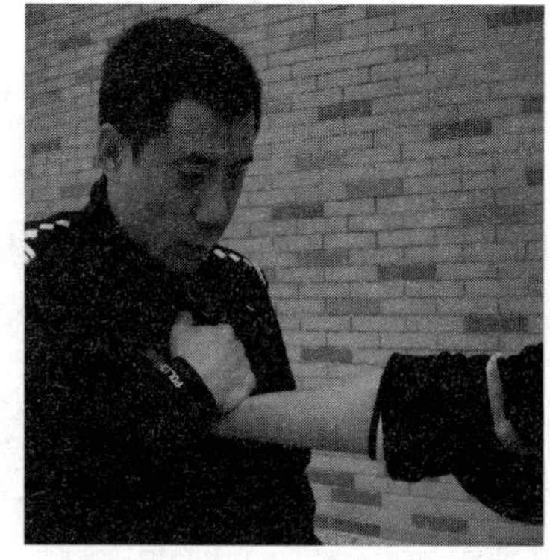
图6-2-30

图6-2-31

图6-2-32

动作要点：①左臂压肘要准确。

②撤步和压肘发力要突然。

易犯错误：①左臂压肘不准确或脱手。

②撤步、转腰和压肘发力不同时。

纠正方法：①分解动作，强调关键。

②慢动作多次体会动作。

动作应用：实战中，可以通过语言劝告或警告，分散对方注意力，抓住时机，突然发力，达到解脱和控制的目的。

三、对方由后抓肩解脱

方法一

动作说明：对方右手由后抓我方左肩时，我方右手迅速按压对方右手，随即，我方身体左转的同时，左臂直臂以肩关节为轴，由下向前，经上向后抡臂，再向上方抡别对方肩肘关节。如图6-2-33，图6-2-34，图6-2-35，图6-2-36。

图6-2-33

图6-2-34

图6-2-35

图6-2-36

动作要点：①左手直臂以肩关节为轴抡臂。

②抡别对方肩肘关节同时要以腰带力。

易犯错误：①左手没有直臂以肩关节为轴抡臂。

②左手臂屈臂上抄前腰没有发力。

纠正方法：①动作分解徒手多次练习。

②配手虚力抓握，多次体会动作。

动作应用：实战中，右手按压时，可以分辨对方是左手还是右手抓肩，随后决定我方左臂是向后还是向前抡臂。

方法二

动作说明：对方右手由后抓我方右肩时，我方左手迅速按压对方右手，随即，我方身体右转的同时，右臂直臂以肩关节为轴，向后、经上、向内抡臂，用我方右大臂砸压对方右前臂和肘部，身体继续右转，我方右手臂屈臂上抄，控别对方肩肘关节。如图6-2-37，图6-2-38，图6-2-39，图6-2-40，图6-2-41。

图6-2-37

图6-2-38

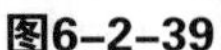

图6-2-39

图6-2-40

图6-2-41

动作要点：①右手直臂以肩关节为轴抡臂。

②右手臂屈臂上抄前要转腰。

易犯错误：①右手没有直臂以肩关节为轴抡臂。

②右手臂屈臂上抄前没有转腰，不能完成上抄动作并控别对方肩肘关节。

纠正方法：①动作分解徒手多次练习。

②配手虚力抓握，多次体会动作。

动作应用：实战中，左手按压时，可以分辨对方是左手还是右手抓肩，随后决定我方右臂是向后还是向前抡臂。

第三节　锁喉（夹脖）解脱

一、对方由前锁喉（夹脖）的解脱

方法一

动作说明：对方右手由前掐我方喉颈时，我方左手迅速抓握对方右手拇指一侧（拇指放在对方手背，其余四指放在对方手心）用力外掰，随即，我方右手迅速抓握对方右手掌外沿（拇指放在对方手背，其余四指放在对方手心），双手合力折压对方右手腕。如图6–3–1，图6–3–2，图6–3–3，图6–3–4。

图6–3–1

图6–3–2

图6–3–3

图6–3–4

动作要点：①左手外掰要突然，右手抓握要及时。

②双手抓握要准确，折腕发力要同时。

易犯错误：①右手抓握不及时。

②折腕动作不到位。

纠正方法：①分解动作，强调关键。

②配手虚力抓握，多次体会动作。

动作应用：实战中，可以通过语言劝告或警告，分散对方注意力，抓住时机，突然发力，达到解脱和控制的目的。

方法二

动作说明：对方双手由前掐脖时，我方右手迅速从对方双臂间斜向上穿，用右前臂穿靠对方左臂，使对方左手松开的同时，我方右手顺势抓握对方右手掌外沿，左手随即协助折对方右手腕（类似抓胸解脱）。如图6-3-5，图6-3-6，图6-3-7，图6-3-8。

图6-3-5

图6-3-6

图6-3-7

图6-3-8

动作要点：①右前臂穿靠要突然，方向要向上。

②双手抓握要准确，折腕发力要同时。

易犯错误：①右前臂穿靠无力，方向不正确。

②折腕动作不到位。

纠正方法：①分解成单个动作反复练习。

②配手虚力抓握，多次体会动作。

动作应用：实战中不宜纠缠，应快速反应，突然发力，达到解脱和控制的目的。

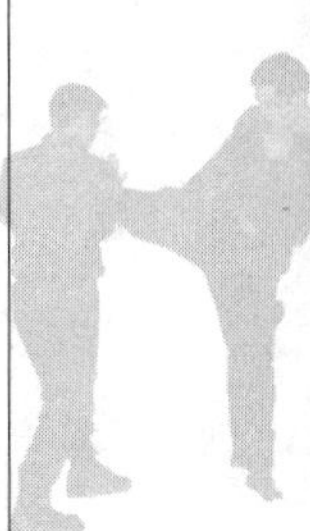

方法三

动作说明：对方骑坐我方腹部并双手由上锁喉时，我方双手迅速从对方双臂中间斜向上穿，用前臂穿靠对方前臂，使对方双手松开的同时，我方立即挺腹抬腿顶膝，使对方向前冲趴在地。如图6–3–9，图6–3–10，图6–3–11。

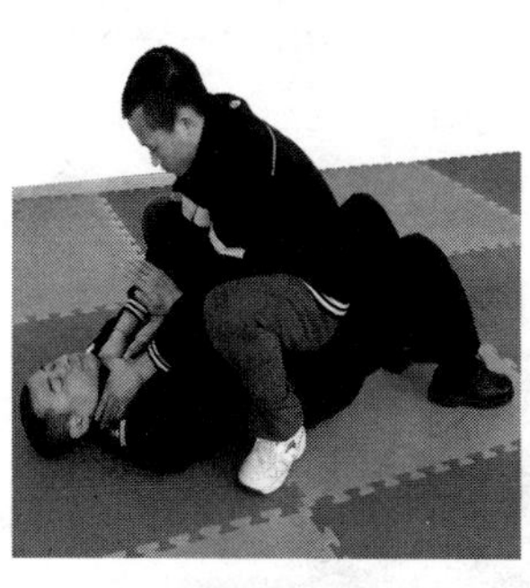
图6–3–9

图6–3–10

图6–3–11

动作要点：①前臂穿靠要突然，方向要向上。

②挺腹抬腿顶膝要及时。

易犯错误：①前臂穿靠无力，方向不正确。

②挺腹抬腿顶膝不协调，不及时。

纠正方法：①分解成单个动作反复练习。

②配手虚力抓握，多次体会动作。

动作应用：实战中不宜纠缠，应快速反应，突然发力，达到解脱目的后，迅速站立，控制距离。

二、对方由后锁喉（夹脖）的解脱

方法一

动作说明：对方由后用右臂锁我方喉颈时，我方迅速收颌并屈膝降低重心，双手抓控对方手臂，腰臀部紧贴对方身体，挺膝、俯腰栽头，使对方从我方肩上摔出。如图6–3–12，图6–3–13，图6–3–14。

图6–3–12

图6–3–13

图6–3–14

动作要点：①立腰并贴紧对方身体。

②挺膝、俯腰栽头要协调。

易犯错误：①腰臀部没有贴紧对方身体。

②挺膝、俯腰栽头不协调，发力不干脆，不狠。

纠正方法：①加强腰部力量练习。

②徒手反复体会动作说明，再结合配手练习。

动作应用：实战中快速反应，突然发力，达到解脱目的后，有必要进一步别臂控制对方。

方法二

动作说明：对方由后用右臂锁我方喉颈时，我方迅速收颌降低重心，右手扣抓对方手臂，同时右撤步，身体右移，腾出空间，用左肘猛力击打对方肋部，或左手握拳，直臂挥击对方裆部。如图6–3–15，图6–3–16，图6–3–17，图6–3–18。

图6–3–15

图6–3–16

图6–3–17

图6–3–18

动作要点：①迅速降低重心，破坏对方身体平衡。

②撤步肘击肋部或挥臂击裆。

易犯错误：①重心降低不突然，没有破坏对方身体平衡。

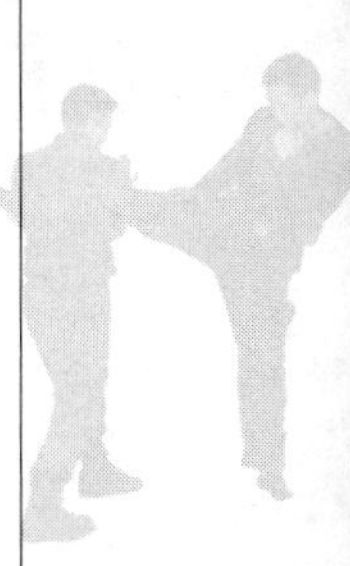

②肘击肋部或挥臂击裆不准确。

纠正方法：①分解成单个动作反复练习。

②配手虚力锁扣，多次体会动作。

动作应用：实战中快速反应，突然发力，达到解脱目的后，有必要进一步控制对方。

方法三

动作说明：对方用左臂由后侧夹脖时，我方右手掌迅速由对方左肩上向后穿切咽喉，同时左手抄抱对方左腿即解。如图6–3–19，图6–3–20，图6–3–21。

图6–3–19

图6–3–20

图6–3–21

动作要点：①穿切要准、要狠。

②抄抱要同时，形成交错力。

易犯错误：①穿切方向不对，部位不准确。

②抄抱腿不及时，没有形成交错力。

纠正方法：①分解成单个动作反复练习。

②配手虚力锁扣，多次体会动作。

动作应用：实战中快速反应，突然发力，达到解脱目的后，有必要进一步控制对方。

第四节　抱腰解脱

一、对方由前抱腰的解脱

方法一

动作说明：当对方由前连手臂一起箍抱我方腰部时，我方手臂反箍对方腰部，提膝顶裆，致使对方松开箍抱手臂，我方迅速双手推开对方，控制距离。如图6–4–1，图6–4–2，图6–4–3，图6–4–4。

图6–4–1 **图6–4–2**

图6–4–3 **图6–4–4**

动作要点：①反箍对方腰部不致逃脱。

②提膝顶裆。

易犯错误：①反箍力量不够，或松脱。

②提膝顶裆不准确。

纠正方法：慢动作、不发力地完整动作练习，多次体会。

动作应用：实战中不宜纠缠，应快速反应，突然发力，达到解脱目的后，迅速控制距离。

方法二

动作说明：当对方由前连手臂一起箍抱我方腰部时，我方手臂反箍对方腰部并用力勒紧，随即我方左肩顶对方胸部右下压，同时，我方右脚外别对方左腿，致使对方松开箍抱手臂，我方双手迅速推开对方，控制距离。如图6–4–5，图6–4–6，图6–4–7，图6–4–8。

图6-4-5

图6-4-6

图6-4-7

图6-4-8

动作要点：①压肩、箍勒和别腿要同时发力。

②发力方向要正确。

易犯错误：①箍勒对方腰部不紧或松脱有间隙。

②压肩、箍勒和别腿发力不同时。

纠正方法：慢动作、不发力地完整动作练习，多次体会。

动作应用：实战中不宜纠缠，应快速反应，突然发力，达到解脱目的后，迅速控制距离。

方法三

动作说明：当对方由前箍抱我方腰部时，我方左手搂抱对方后脑，右手托抓对方下颌，双手同时发力逆时针拧别对方脑袋，致使对方松开箍抱手臂，我方迅速双手推开对方，控制距离。如图6-4-9，图6-4-10，图6-4-11，图6-4-12。

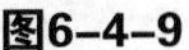

图6-4-9

图6-4-10

图6-4-11

图6-4-12

动作要点：①左手搂抱和右手托抓要稳固。

②以对方颈部为支点，双手同时发力逆时针拧别。

易犯错误：①拧别时脱手。

②双手不同时发力。

纠正方法：慢动作、不发力地完整动作练习，多次体会。

动作应用：实战中不宜纠缠，应快速反应，突然发力，达到解脱目的后，迅速控制距离。

二、对方由后抱腰的解脱

方法一

动作说明：当对方由后连手臂一起箍抱我方腰部时，我方迅速撤步前俯腰，双手从我方两腿间抄抱对方一小腿，随即朝我方前上方搬腿，同时屈膝坐胯，即解。如图6–4–13，图6–4–14，图6–4–15。

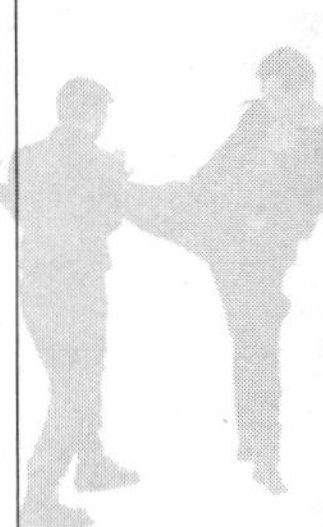

图6-4-13

图6-4-14

图6-4-15

动作要点：①撤步前俯腰要突然，抄抱要准确。

②搬腿、坐胯要同时。

易犯错误：①抄抱不牢固、搬腿脱手。

②搬腿、坐胯发力不同时。

纠正方法：①分解动作反复体会。

②配手虚力箍抱，完整动作多次练习。

动作应用：实战中不宜纠缠，应快速反应，突然发力，达到解脱目的后，迅速控制距离。

方法二

动作说明：当对方由后连手臂一起箍抱我方腰部时，我方双手迅速抓握对方手腕，随即我方降低重心、双臂上抬，同时臀部向后拱顶对方腹部，当对方松开手臂或身体后移时，我方迅速右转腰，右手从对方左腋下穿过，往上经对方肩上，再往我方前下方伸臂，别控对方左臂。如图6-4-16，图6-4-17，图6-4-18，图6-4-19。

图6-4-16

图6-4-17

图6-4-18

图6-4-19

动作要点：①抬臂、拱臀发力要同时。

②转腰别臂要迅速。

易犯错误：①抬臂、拱臀发力不同时。

②别臂时没留肩，前俯腰。

纠正方法：①强调发力同时，别臂保留重心，不俯腰。

②分解动作反复体会。

动作应用：实战中，在执法环境和条件允许的前提下，有缉拿、控制对方必要的情况下，可采用此法。

方法三

动作说明：当对方由后连手臂一起箍抱我方腰部时，我方双手迅速抓握对方手腕，随即我方降低重心、双臂上抬，随即，我方右撤一步，同时左肘后击对方肋部或左手握拳向后直臂挥击对方裆部。如图6-4-20，图6-4-21，图6-4-22。

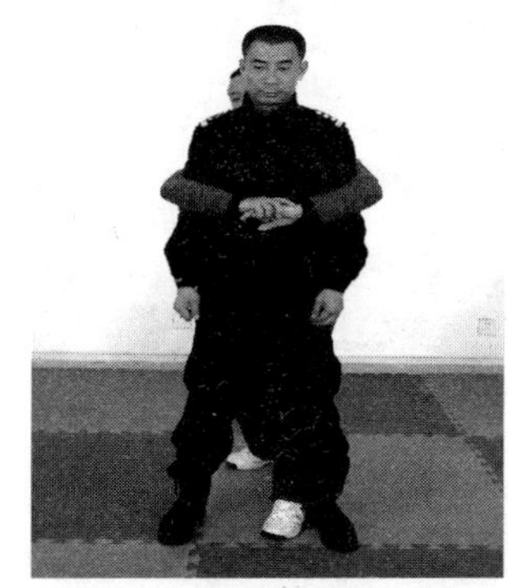

图6-4-20

图6-4-21

图6-4-22

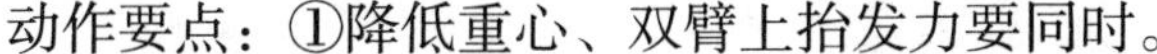

动作要点：①降低重心、双臂上抬发力要同时。

②撤步击打要准确。

易犯错误：①降低重心、双臂上抬发力不同时。

②撤步击打不准确。

纠正方法：①分解动作反复体会。

②配手虚力箍抱，完整动作、不发力地多次练习。

动作应用：实战中，情况紧急，需要尽快解脱的时候，多采用此法。

方法四

动作说明：当对方由后箍抱我方腰部时，我方右手抓握对方左腕，左肘虚向左后击肘，在对方右摆头躲闪时，迅速右转腰，右肘快速向右后击打。如图6–4–23，图6–4–24，图6–4–25。

图6–4–23

图6–4–24

图6–4–25

动作要点：①虚击左肘致对方暴露，利于击打。

②右转腰击肘要快速。

易犯错误：示形于敌，击打发力不脆。

纠正方法：慢动作、不发力地完整动作练习，多次体会。

动作应用：实战中，情况紧急，需要尽快制服对方的时候，多采用此法。

第五节　抓发解脱

一、对方由前抓发解脱

动作说明：当对方由前抓我方头发时，我方迅速降低重心，双手十指交叉紧紧按压对方手掌在我方头顶，随即，后撤一大步，同时俯腰栽头，折对方手腕。如图6–5–1，图6–5–2，图6–5–3。

图6-5-1

图6-5-2

图6-5-3

动作要点：①按压对方手掌要牢固。

②撤步、俯腰栽头要快速、要同时。

易犯错误：①按压对方手掌不牢固。

②撤步不大，俯腰栽头不快速。

纠正方法：①徒手完整动作多次练习。

②配手虚抓，慢动作反复体会。

动作应用：实战中快速反应，突然发力，达到解脱目的后，有必要进一步控制对方。

二、对方由后抓发解脱

动作说明：当对方由后抓我方头发时，我方迅速降低重心，双手十指交叉紧紧按压对方手掌在我方头顶，随即，转身正对对方，挺膝抬头站立。如图6-5-4，图6-5-5，图6-5-6，图6-5-7。

图6-5-4

图6-5-5

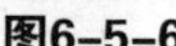

图6-5-6

图6-5-7

动作要点：①按压对方手掌要牢固。

②转身、挺膝抬头要快速。

易犯错误：①按压对方手掌不牢固。

②转身、挺膝抬头不快速。

纠正方法：①徒手完整动作多次练习。

②配手虚抓，慢动作反复体会。

动作应用：实战中快速反应，突然发力，达到解脱目的后，有必要进一步控制对方。

第六节　抱腿解脱

一、对方由前抱双腿解脱

动作说明：当对方由前抱我方双腿时，我方迅速双脚开立，身体前倾，重心下压对方身体。如对方已抱住我方双腿，我方双臂反抱对方腰部并上提，然后身体前倾，重心下压对方身体。如图6-6-1，图6-6-2，图6-6-3。

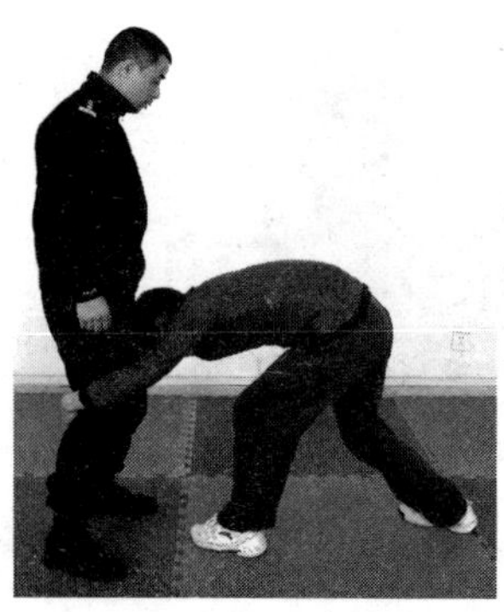

图6-6-1

图6-6-2

图6-6-3

动作要点：①双脚开立不利对方抱腿，抱腰上提不利对方发力。

②身体前倾，重心下压致使对方松手。

易犯错误：遇袭惊慌，措施不力。

纠正方法：多次完整动作练习。

动作应用：实战中快速反应，破坏对方重心，致使对方袭击落空。

二、对方由前抱单腿解脱

方法一

动作说明：当对方由前抱我方左腿时（对方头部在我方左腿外侧），我方右腿迅速后撤步，降低重心，随即我方左手向下按压对方颈脖，同时右手抄抱对方左腿外翻，将对方摔倒在地。如图6-6-4，图6-6-5，图6-6-6。

图6-6-4

图6-6-5

图6-6-6

动作要点：①按压对方颈脖要准确。

②按压和抄抱外翻是一对交错力。

易犯错误：①按压对方颈脖幅度不够。

②按压和抄抱外翻发力不同时。

纠正方法：①分解动作多次练习。

②慢动作、完整练习反复体会。

动作应用：实战中快速反应，突然发力，达到解脱目的后，有必要进一步控制对方。

方法二

动作说明：当对方由前抱我方左腿时（对方头部在我方左腿内侧），我方双手搂抱对方头部，迅速提右腿，膝顶对方头部。如图6-6-7，图6-6-8，图6-6-9。

图6-6-7

图6-6-8

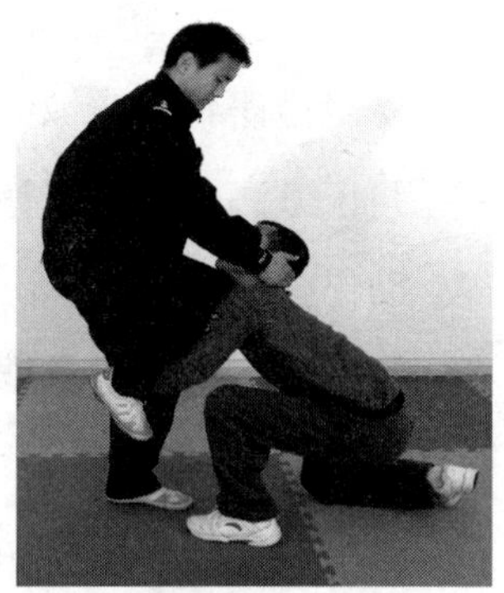
图6-6-9

动作要点：①搂抱固定对方头部。

②重心前移，膝顶对方头部。

易犯错误：搂抱松脱、膝顶不准确。

纠正方法：慢动作、完整练习反复体会。

动作应用：实战中，情况紧急，需要尽快制服对方的时候，多采用此法。

第七章
徒手控制实战技术

【学习目标】

1．熟练掌握单兵、二对一和三对一控制技术的技术动作。

2．熟练掌握单兵、二对一和三对一控制技术的灵活应用，提高学员在实战中相互协同、相互配合的能力，培养学员处置突发事件的能力。

3．通过对各种情形下的控制技术实战应用，有效地提高学员的战斗力，将犯人或犯罪嫌疑人制伏，尽量减少学员在执法活动中的风险，提升学员的职业能力和职业素养。

第一节　单兵控制实战技术

一、抱肩推肘控制

动作说明：警察由被控制对象左后侧接近，右手搂抱对方右肩，左手推抓对方左肘，身体紧贴对方左后侧，头部靠近对方左耳侧。如图7–1–1，图7–1–2。

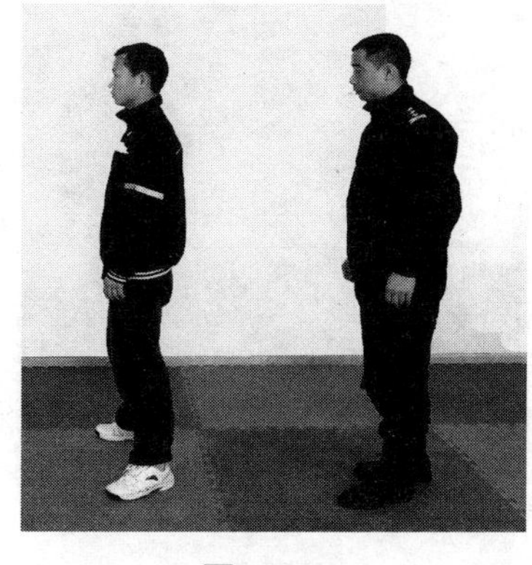

图7–1–1

图7–1–2

动作要点：①右手搂肩，左手推肘。

②身体贴紧，头部靠近左耳侧。

易犯错误：①左手没有推肘，或推肘不准确。

②身体没有贴紧对方左后背部。

纠正方法：①说明动作产生的机理和实际运用意义。

②多次反复体会。

动作应用：①右手搂抱对方右肩，便于带动对方身体移动。

②左手推肘，预防对方趁机肘击肋部或挥臂击裆。

③头部靠近对方左耳侧，便于在喧闹环境正常与对方交流。

④身体贴紧，使对方从心理上感知这是平等和温和的劝解，又便于我有效控制。

实际执法过程中运用此法，目的是警察在进行劝解、劝告的同时，带离对方。如对方配合，则达到有效控制的目的；如对方不配合，可以逐步武力升级。假如对方出现危险动作，警察随即可过渡到搂臂夹颈摔控制。如图7-1-3，图7-1-4，图7-1-5，图7-1-6。

图7-1-3

图7-1-4

图7-1-5

图7-1-6

二、抓单臂控制

动作说明：警察从被控制对象左侧或左后侧接近，左手抓住对方左手腕（或左掌背），贴紧警察右髋部，同时，右手控抓对方左肘并前推，使对方肘窝朝前下方，左臂斜向紧贴警察胸腹部，警察与被控制对象身体朝向一致。如图7–1–7，图7–1–8。

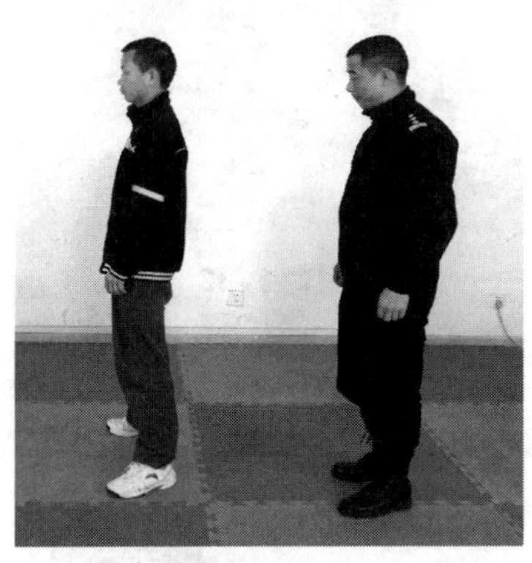

图7–1–7

图7–1–8

动作要点：①左手抓腕固定，右手推抓对方肘关节。

②警察位于被控制对象左侧后方，身体朝向一致。

易犯错误：①左手抓腕没有贴身固定。

②警察与被控制对象并行。

纠正方法：先分解动作反复体会，再完整动作多次练习。

动作应用：此法一般用于带离控制。带离时，要随时观察、了解被控对象的情绪变化。如被控对象不配合，甚至出现过激行为，警察可以进一步控制，即从抓单臂控制过渡到夹肘折腕控制带离。如图7–1–9，图7–1–10，图7–1–11。

图7–1–9

图7–1–10

图7–1–11

如被控对象出现进攻性动作时，警察随即进行压肩推肘，进而跪压控制。如图7–1–12，图7–1–13，图7–1–14，图7–1–15。

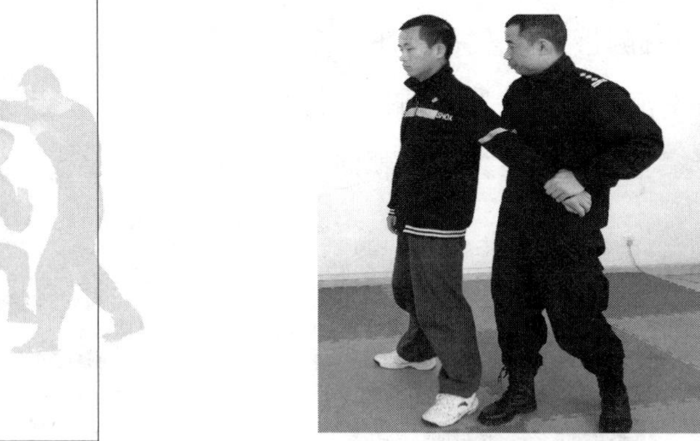

图7-1-12

图7-1-13

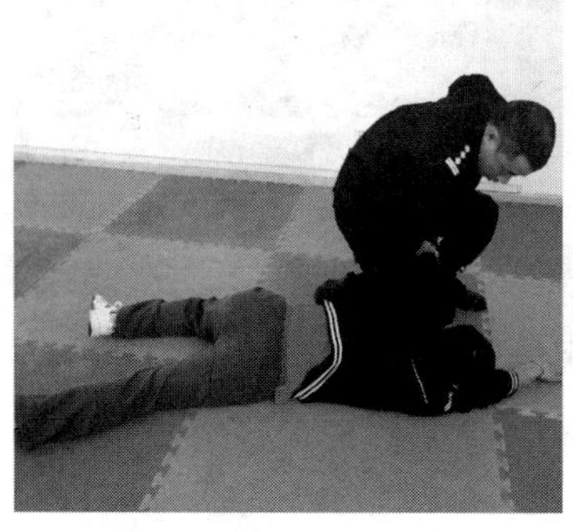

图7-1-14

图7-1-15

三、抓腰带推臂控制

动作说明：警察从被控制对象左侧或左后侧接近，右脚落于对方左脚侧方，右手由对方身后抓住其腰带，左手八字掌抓握对方肘关节或大臂，并稍前推。如对方已被背捆或背铐，右手则从对方两臂之间下伸抓腰带。如图7-1-16，图7-1-17，图7-1-18。

图7-1-16

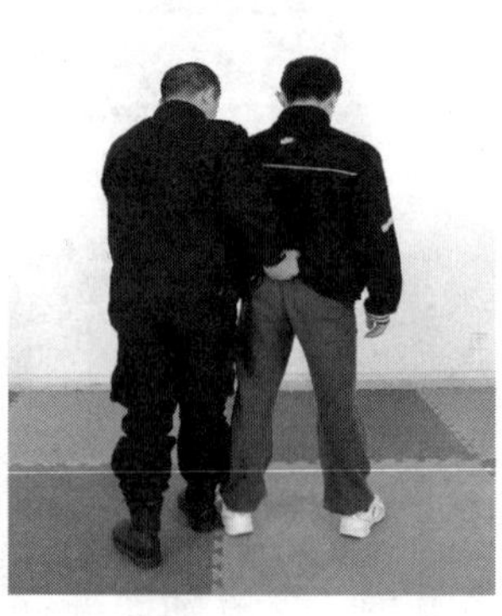

图7-1-17

图7-1-18

动作要点：①抓紧腰带。

②必须推肘或推住大臂。

易犯错误：①抓腰带脱手，对方逃离控制。

②没有推住对方手臂，被对方挥臂击裆或击肘。

纠正方法：①强调防卫的要点。

②多次练习体会。

动作应用：此法一般用于带离控制或押解控制。当对方被控时，行为比较配合，情绪平和或案情特点需要时使用。强调一点，如行进时，警察右脚与对方左脚同节奏，同起同落，防止对方后撩腿。如图7–1–19。

图7–1–19

四、跪压控制

动作说明：当被控制对象左侧头俯卧、两臂侧平举，并手臂内旋、掌心向上时，警察从对方右后隐蔽接近，左手八字掌按脖，左膝跪压右肩窝的同时，右手迅速抓握对方右手腕上拉，抬右腿，使对方右臂直臂挂于警察右腿或腹股沟上；随即，折其手腕并将对方右臂直臂向对方身后推送，右腿跟进，右膝跪压其右肩，成两腿并拢夹住对方手臂，两膝跪肩，双手折住对方手腕状态。如图7–1–20，图7–1–21，图7–1–22，图7–1–23。

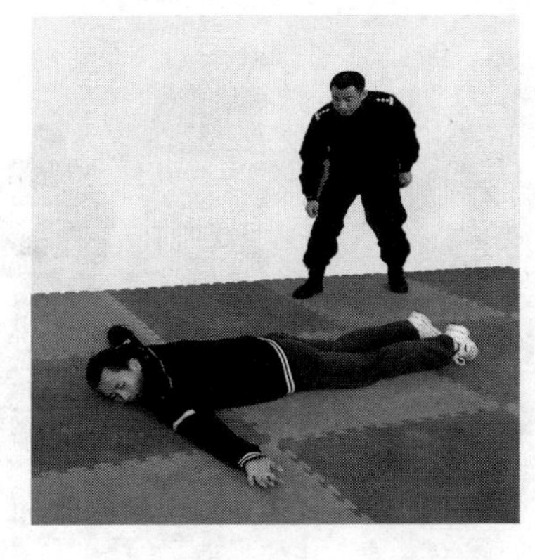

图7–1–20

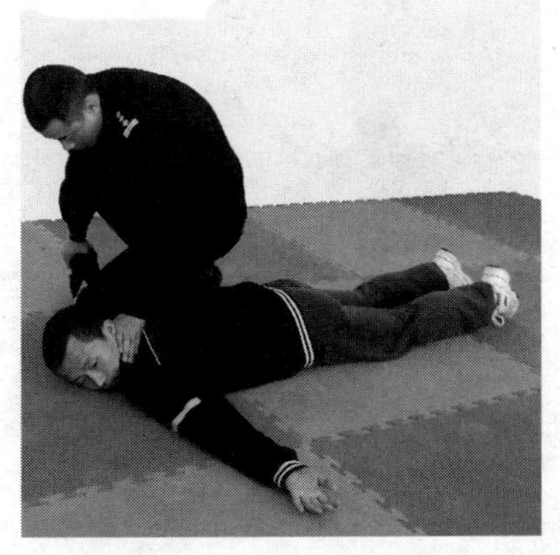

图7–1–21

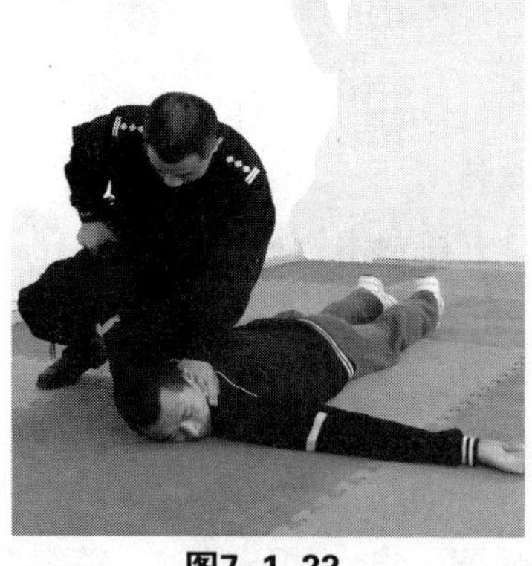

图7-1-22

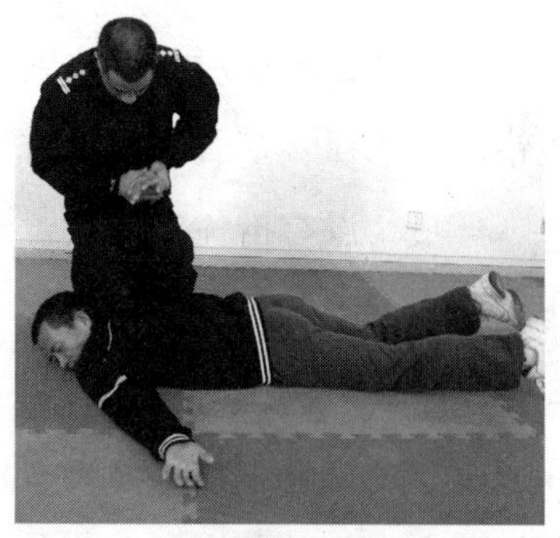

图7-1-23

动作要点：①跪肩、抓腕上拉要同时。

②跪肩、折腕要牢固。

易犯错误：①跪肩、抓腕上拉不协调。

②折腕不及时，跪肩不到位。

纠正方法：①分解动作反复体会。

②完整动作多次练习。

动作应用：在警力优势或火力优势的前提下，可以命令被控对象按要求俯卧，确认安全后接近控制。也可通过技能制服，如抓腕压肘进而跪肩控制（如图7-1-24，图7-1-25，图7-1-26）和锁喉摔跪肩控制（如图7-1-27，图7-1-28，图7-1-29）。

图7-1-24

图7-1-25

图7-1-26

图7-1-27

图7-1-28

图7-1-29

五、折膝控制

动作说明：当被控制对象俯卧时，警察由后接近，迅速抓住对方两踝，将其两小腿交叉反折，使对方左小腿压住右踝，向其臀部推压左踝，反压其左脚背，将双腿控制。如图7–1–30，图7–1–31，图7–1–32，图7–1–33。

图7–1–30

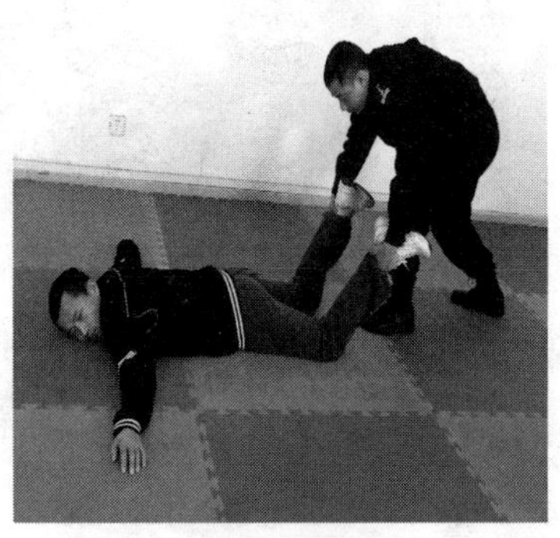

图7–1–31

图7–1–32

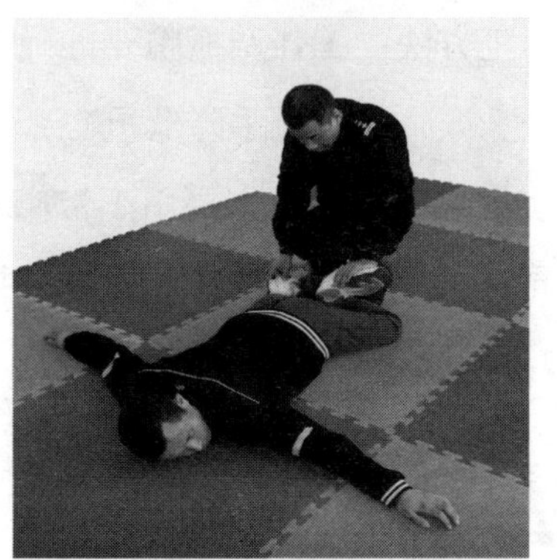

图7–1–33

动作要点：①抓踝要迅速准确。

②折膝要快速、要狠，控制要牢固。

易犯错误：①抓踝发力后脱手。

②折膝动作缓慢，控制不牢固。

纠正方法：①强调抓踝要准确稳固。

②多次反复练习，保牢固、求熟练。

动作应用：实战中，主要用来协同主攻手加固控制。

六、抓腕扛臂控制

方法一

动作说明：警察从被控制对象右后侧接近，右手抓握对方右手腕回拉，使对方右臂贴于胸腹前，同时，警察左臂前摆在对方右腋下，上扛对方右臂，上提其重心。如图7–1–34，图7–1–35。

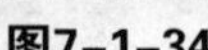
图7–1–34

图7–1–35

动作要点：①抓腕要牢固，回拉要贴身。

②上扛要有力，抱臂于胸前。

易犯错误：①抓腕不牢，脱手。

②上扛不够有力，没有上提重心。

纠正方法：①强调抓腕要准确稳固。

②配手降低重心，让操作手体会上扛力量。

动作应用：此法主要用于带离和抓捕控制，需要两人同时协同。抓捕时，警察同时上一大步，同时压肩，绊摔对方扑地控制。如图7–1–36，图7–1–37，如图7–1–38。

图7–1–36

图7–1–37

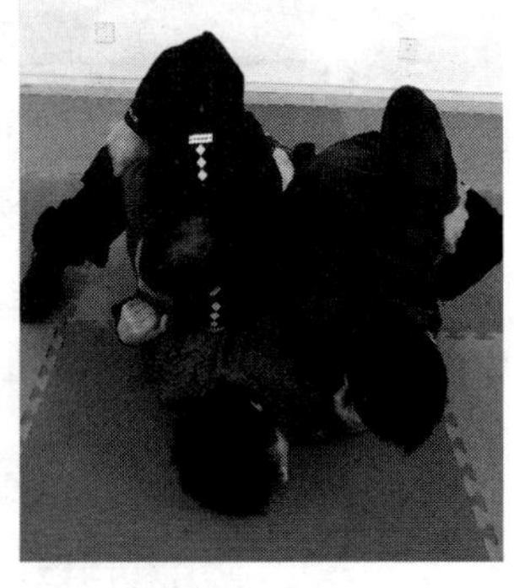
图7–1–38

方法二

动作说明：警察由被控制对象右后侧接近，左脚落于对方右脚侧前方，右手抓握对方右腕，左手由对方右大臂前面内侧插入，从对方右肘下绕过抓握自己右手腕，形成杠杆，反其肘关节。如图7–1–39，图7–1–40，图7–1–41。

图7-1-39

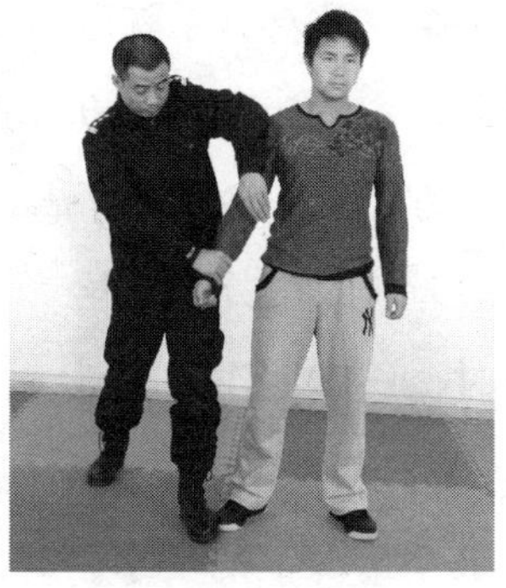
图7-1-40

图7-1-41

动作要点：①抓腕要准确，尽量手心对被控对象手腕内侧抓握。

②左手绕肘穿插要快，扛肘要狠。

易犯错误：①抓腕不准确或不牢固，脱手。

②左手臂没有反顶准其肘关节。

纠正方法：①分解动作反复体会。

②完整动作多次练习。

动作应用：当被控对象习惯手离开武器或凶器，可以从其后或侧面进行控制。一般两人协同控制。如犯罪嫌疑人在候车室、火车、轮船上成坐姿时，可以把握机会，伪装贴靠，并排坐着时突袭。如图7-1-42，图7-1-43。

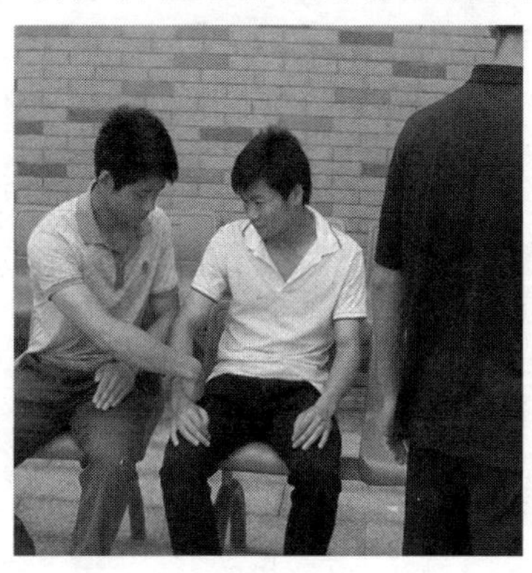
图7-1-42

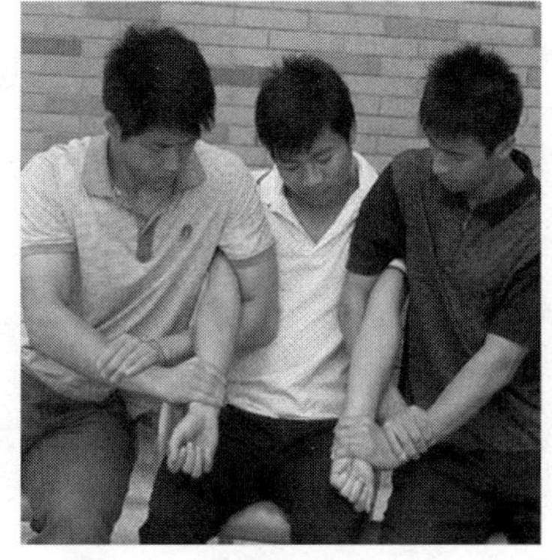
图7-1-43

七、金丝缠腕控制

动作说明：当对方右手自上而下抓握我方右腕时，我方左手迅速八字掌抓握对方右手（手掌在对方掌背，拇指在我方右腕内侧），使对方手掌不易脱离我方右手腕，随即，我方右臂屈肘回拉在我方胸前，使对方右腕屈腕，我方右手就势刁住对方右腕，手臂下压的同时，压腕、撤步，右前臂稍外旋，折拧对方手腕，迫使对方感到疼痛并下蹲。如图7-1-44，图7-1-45，图7-1-46，图7-1-47。

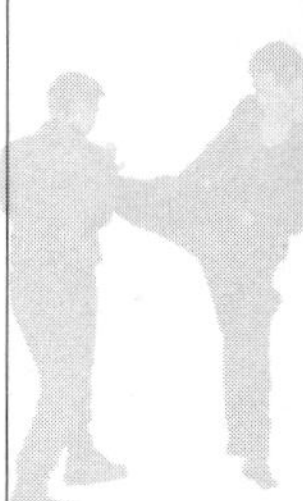

动作要点：①屈肘回拉，刁扣对方右腕。

②扣压对方手腕，致对方手腕巨痛并下蹲。

易犯错误：①没有屈肘回拉，刁扣不了对方右腕。

②没有扣压对方手腕，致对方手臂内旋、转体。

③刁腕、压腕时，肘部外张上抬。

纠正方法：①强调发力时，压腕动作要明显。

②配手手腕放松，虚力抓握，多次反复体会。

动作应用：此法适用于被动情况下的反拿。对方倒地后，可以进一步过渡到跪压控制。

图7-1-44

图7-1-45

图7-1-46

图7-1-47

八、折翅控制

动作说明：当对方左手自上而下抓我方右腕时，我方左手迅速反抓对方左手掌，同时，右腕上挑，反抓对方左腕，旋拧对方前臂致手掌垂直地面（拇指朝下），左手抓握对方手掌（在垂直平面上）迅速向前下方折撕对方手腕。如图7-1-48，图7-1-49，图7-1-50。

动作要点：①挑腕上抓对方左腕并旋致手腕平面与地面垂直。

②折压对方手掌时，发力方向应在手腕平面内。

易犯错误：①旋腕幅度过大，没有垂直地面。

②折压发力时，方向不在对方手腕平面内。

纠正方法：①慢动作反复体会。

②完整动作要一气呵成。

动作应用：此法适用于被动情况下的反拿。

图7-1-48

图7-1-49

图7-1-50

九、箍抱控制

动作说明：警察由后突袭，两臂箍抱对方前臂及上体，同时迅速降重心，双手回拉，迫使对方坐胯，使其不能曲臂抬腿。如图7-1-51，图7-1-52，图7-1-53。

动作要点：箍抱要牢固，箍抱时重心下降。

易犯错误：箍抱不牢固；重心没下降，致对方前俯腰。

纠正方法：慢动作多次反复体会。

动作应用：此法主要针对身体素质一般、反抗意识不强，且未发现携带武器或凶器的一般犯罪嫌疑人。实战中，主攻手箍抱控制后，协同民警从前侧方使用约束性警械加固控制，再搜身带离。

图7-1-51

图7-1-52

图7-1-53

十、别臂控制

动作说明：警察迎面伪装接近被控制对象，左脚落于对方右脚前侧方。同时，左手成掌由对方右腋下穿过，右手按压对方右大臂外侧，防止对方抬臂；左掌上穿不停，经对方右肩上，再向下伸臂，别住对方大臂。如图7-1-54，图

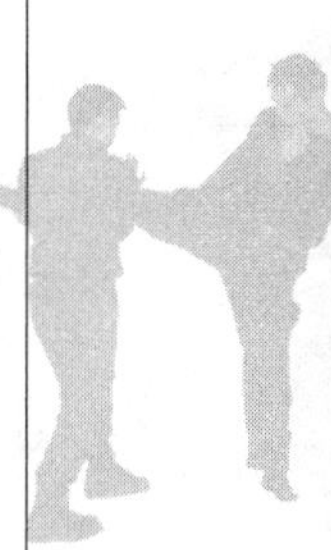

7-1-55，图7-1-56。

图7-1-54

图7-1-55

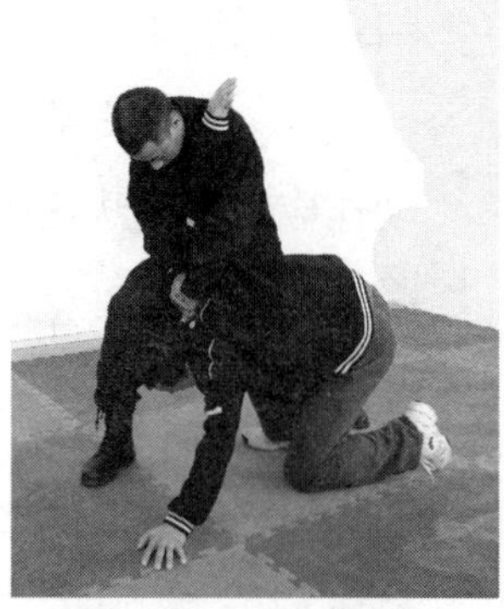
图7-1-56

动作要点：①左手穿掌同时，右手要按掌。

②左臂下伸的同时，要保留重心不下降。

易犯错误：①左手穿掌同时，右手掌没按住对方大臂，对方抬臂逃脱控制。

②伸左臂时，重心一起下降，没有别臂。

纠正方法：①分解动作反复体会。

②完整动作多次练习。

动作应用：此法主要针对身体素质一般、反抗意识不强，且未发现携带武器或凶器的一般犯罪嫌疑人。实战中，民警利用环境条件，伪装接近突袭犯罪嫌疑人，别臂控制同时，可使用前锁喉加固控制。

十一、肩别臂控制

动作说明：当被控制对象右臂屈肘上抬时，警察从前侧方伪装接近，左脚落于对方右脚前侧方，左手从下往上挡抓其右手腕。同时，右手掌由对方右大臂下穿过，回扣手掌，切击对方肘窝，使对方屈肘，随即，右手协同左手，合力抓握并下压对方手腕，用右臂与肩发力，扛别对方肩肘关节。如图7-1-57，图7-1-58，图7-1-59。

图7-1-57

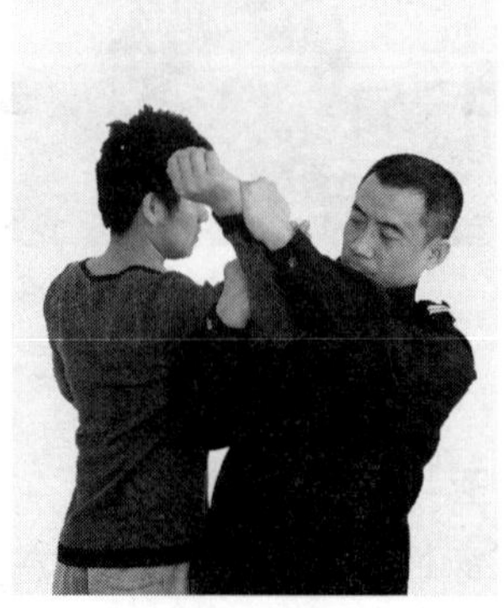
图7-1-58

图7-1-59

动作要点：①抓腕要牢固，切肘要明显。

②抓腕下压与肩臂上扛是一对交错力。

易犯错误：①抓腕脱手，没有有力切肘。

②抓腕下压与肩臂上扛发力不协调。

纠正方法：①明确关键点，慢动作体会。

②配手不抵抗，完整动作一气呵成，多次练习。

动作应用：此法主要针对身体素质一般、反抗意识不强，且专注于接打电话或上伸手臂欲抓握物体来稳固重心时的犯罪嫌疑人。实战中，民警利用环境条件，伪装接近，抓住时机进行肩别臂控制。随后，可以打腿绊摔或协同民警控制另一手臂来加固控制。如图7–1–60，图7–1–61，图7–1–62。

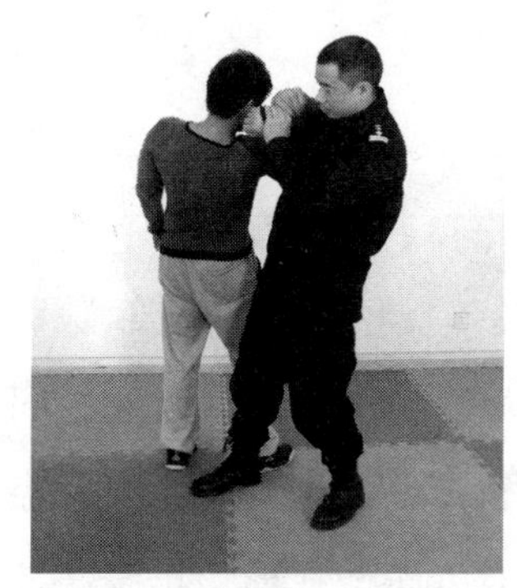

图7–1–60

图7–1–61

图7–1–62

十二、携臂控制

动作说明：迎面伪装接近被控制对象，左脚落于对方右脚前侧方。同时，左手抓握其右手腕，随即用右前臂猛击对方右肘窝，使其曲肘后回拉贴胸。右脚后撤，身体右转体180度，扣手扒肩，左手折腕前推，左腿同时切胯，拦绊其右胯，降重心，别其臂，压其肩，达到控制右臂的目的。如图7–1–63，如图7–1–64，图7–1–65，图7–1–66。

图7–1–63

图7–1–64

图7-1-65

图7-1-66

动作要点：①敲击肘窝要准确，回拉要贴胸。

②切胯要及时，抓肩别臂要牢固，重心要稳固。

易犯错误：①没有回拉贴胸就转体。

②切胯不及时，重心不稳固。

纠正方法：①强调回拉贴胸再转体。

②分解动作反复体会。

动作应用：此法主要针对身体素质尚好、具有较强反抗意识的犯罪嫌疑人。实战中，民警可根据嫌疑人的案件性质结合打法。例如民警在抓腕的同时，右拳勾打对方腹部，使对方丧失反抗力和战斗力。如图7-1-67。携臂控制结束后，为进一步控制，右手可以下压其肩，迫使对方趴倒在地，再骑压控制。如图7-1-68，图7-1-69，图7-1-70。

图7-1-67

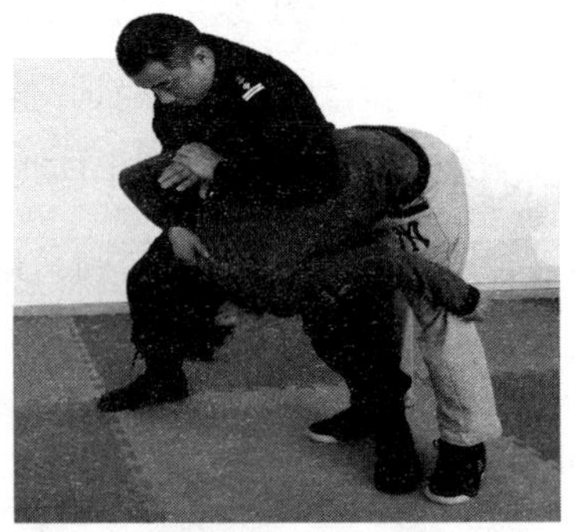

图7-1-68

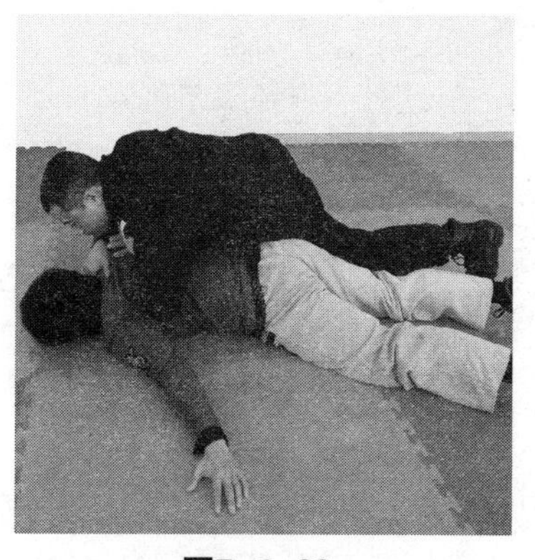

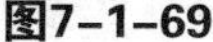
图7-1-69

图7-1-70

十三、折腕控制

动作说明：警察由被控制对象右后侧接近，左脚落于对方右脚侧，左手抓握对方右手掌拇指侧（警察拇指在掌背，其余四指在掌心）。同时，右手抓握对方右手掌小指侧（警察拇指在掌背，其余四指在掌心），警察两拇指指向与对方手指指向一致。随即，警察右脚向对方左前方大跨一步，同时转身与对方面对面，双手折压对方右手腕，致对方手腕剧痛并下蹲。如图7-1-71，图7-1-72，图7-1-73，图7-1-74。

图7-1-71

图7-1-72

图7-1-73

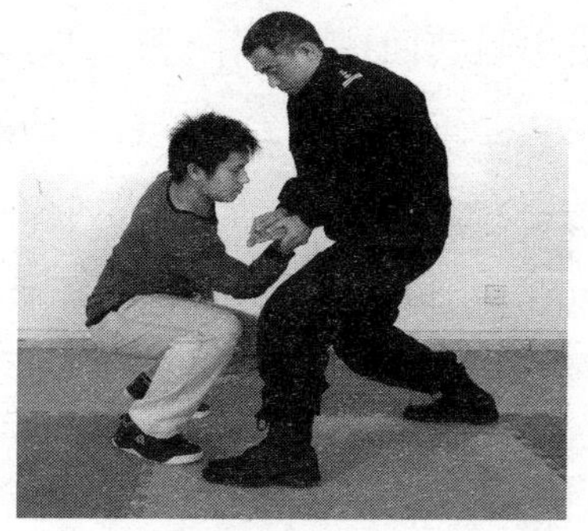
图7-1-74

动作要点：①抓手掌，折压手腕。

②折压要狠，迫使对方下蹲。

易犯错误：①抓手指，没有折压住手腕。

②折压不到位，对方没被迫下蹲，可起腿反击。

纠正方法：①强调抓握部位，反复分解动作练习。

②折压手腕，向下送压对方手臂，压致对方肘部顶住腹部，并下蹲。

动作应用：警察在犯罪嫌疑人刀、手分离或枪、手分离时，把握合适时机，进行控制。实战中，可以伪装接近，利用小商贩、服务员身份在对方递交钱、物时及时控制；或利用同车、同船旅客身份，借用打火机、验票等行为，瞬间控制。因为嫌疑人递交物件时，往往使用习惯手（强手），使用武器或凶器也往往使用习惯手（强手）。使用此技，既可控制，又可丧失其战斗力（损伤其强手）。如图7–1–75，图7–1–76，图7–1–77。

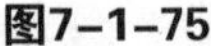

图7–1–75

图7–1–76

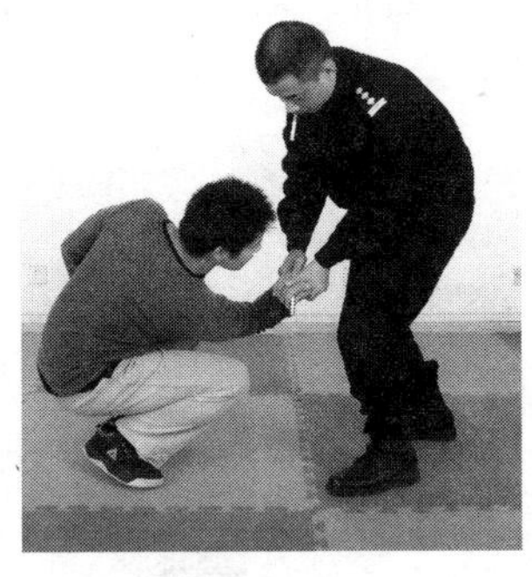

图7–1–77

十四、夹肘折腕控制

动作说明：警察由被控制对象右后侧接近，左脚落于对方右脚侧，右手抓握对方右手掌（拇指在掌心，其余四指在掌背）前送。同时，左手抓握对方大臂肘窝处，迅速回拉对方手臂，使对方屈肘。及时用左臂和左胸部夹紧固定对方肘关节；左手抓握对方右手背，使对方右手心向下并折腕，随即左右手合抱对方掌背，折其右手腕并产生剧烈疼痛，达到控制对方的目的。如图7–1–78，图7–1–79，图7–1–80。

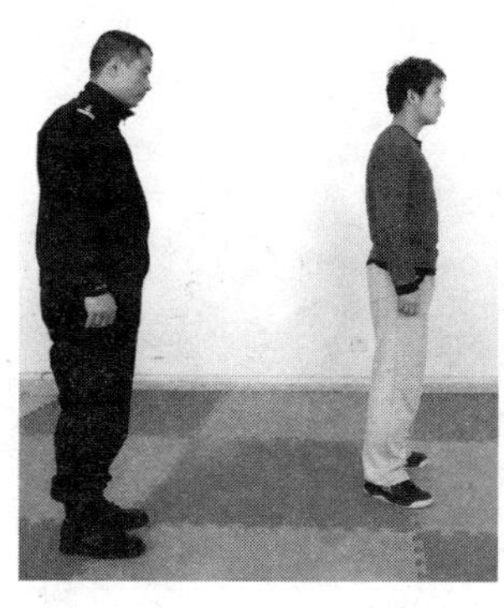
图7–1–78

图7–1–79

图7–1–80

动作要点：①回拉对方手肘和前送对方手掌是一对交错力。

②夹肘必须牢固，折腕后合抱向正后方发力。

易犯错误：①回拉和前送发力不协调。

②夹肘不牢固，折腕脱手。

纠正方法：①慢动作分解练习。

②配手放松手肘主动配合，完整动作反复体会。

动作应用：此法主要针对反抗意识较弱，身体素质一般，且未携带凶器、双手暴露、原地站立或漫步行进的犯罪嫌疑人。动作结束后，为进一步加固控制，可以加大控制程度，重心下降并命令对方一同下蹲，随即，手控不松，以肩关节旋压对方肩部，迫使对方倒地，再进一步控制。如图7–1–81，图7–1–82，图7–1–83，图7–1–84。

图7–1–81

图7–1–82

图7-1-83

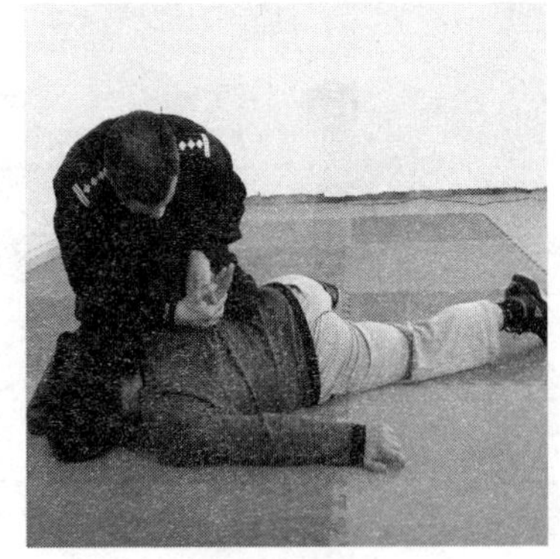
图7-1-84

十五、拉肘折腕控制

动作说明：警察迎面伪装接近被控制对象，右脚落于对方右脚前侧方，右手手心朝前，虎口朝下抓握其右手掌拇指侧（拇指在其掌心，其余手指在其掌背），左手由对方肘尖外抠抓对方肘窝；左手回拉，右手折腕前送同时发力，用右臂与身体夹住对方肘部，随即左手合力右手回抱折腕。如图7-1-85，图7-1-86，图7-1-87，图7-1-88。

图7-1-85

图7-1-86

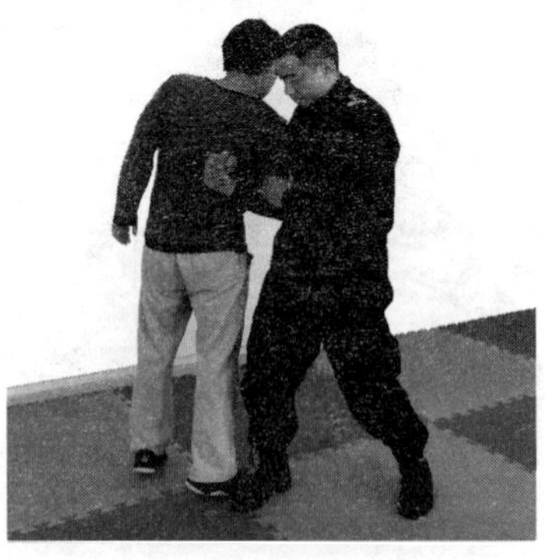
图7-1-87

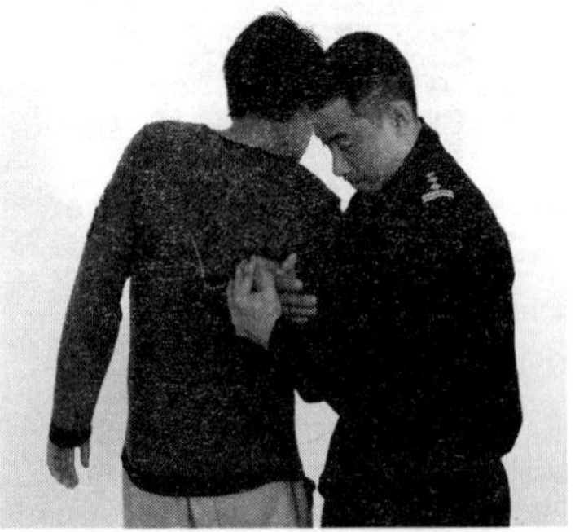
图7-1-88

动作要点：①抓腕要牢固，拉肘要准确。

②前送和回拉发力要同时，形成交错力。

易犯错误：①拉肘时，抓腕手松脱。

②前送和回拉发力不同时，没有夹住对方肘部。

纠正方法：①慢动作分解练习。

②配手放松手肘主动配合，完整动作反复体会。

动作应用：此法主要针对身体素质一般、反抗意识不强，且未发现携带武器或凶器的一般犯罪嫌疑人。实战中，当被控对象双手暴露、原地站立或漫步行进时，警察迎面伪装接近后突袭。动作结束后，为进一步加固控制，可以右手加大控制程度，左手由后搂脖，迫使对方身体后仰，右手不松，降低重心，后撤左脚，使对方趴地后骑坐控制。如图7–1–89，图7–1–90，图7–1–91，图7–1–92。

图7–1–89

图7–1–90

图7–1–91

图7–1–92

十六、拉肘别臂控制

动作说明：由前侧方接近被控对象，左脚落于对方右脚侧前方，左手臂由对方右腕内侧插入同时，右手臂内旋（拇指朝下，掌心朝对方肘尖），由对方右臂外侧抓握其肘关节，撤步回拉。左手同时向上穿，抓握其右上臂，随即大臂与前臂夹紧，别其肩、肘关节，右手加固折腕。如图7–1–93，图7–1–94，图7–1–95，图7–1–96。

动作要点：①拉肘要明显，左手上穿要及时。

②抓握其右上臂后，大臂与前臂要夹紧，贴紧身体。

易犯错误：①拉肘时，左手上穿不及时，致对方手臂脱出。

②别臂后，没有贴紧身体，致对方撞肩反抗。

纠正方法：①慢动作分解练习。

②配手放松手肘主动配合，完整动作反复体会。

动作应用：此法主要针对身体素质一般、反抗意识不强，且未发现携带武器或凶器的一般犯罪嫌疑人。

图7-1-93

图7-1-94

图7-1-95

图7-1-96

十七、搂腿挑摔控制

动作说明：警察由后突袭犯罪嫌疑人，右脚落于对方两脚间，降低重心，右手搂抱对方右腿，左腿从对方两腿间向前摆动，随即，左腿向后上方挑打对方左腿。同时，右手向后用力搂对方右腿，左手用力推其腰臀，迫使对方腾空扑地后，迅速用左手猛力拍击对方右腘，左膝跪压其左大腿，折其右膝控制。如图7-1-97，图7-1-98，图7-1-99，图7-1-100，图7-1-101。

动作要点：①搂腿要牢固，打腿要迅猛。

②搂腿、打腿和推腰臀发力要同时，形成交错力。

易犯错误：①打腿方向、方法不对，破坏不了对方重心。

②搂腿脱手，或失去重心。

纠正方法：①正确理解动作，徒手多次揣摩。

②强调搂腿后，将对方右腿贴紧我腰胯。

动作应用：警组协同抓捕严暴案件犯罪嫌疑人时，主攻手可以采用此法。实战中警察用迅猛的打击破坏对方重心，从心理上震慑对方；行为上，对方定会本能用手主动撑地，无暇反击。协同民警要及时协助控制。

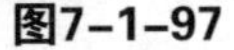

图7–1–97

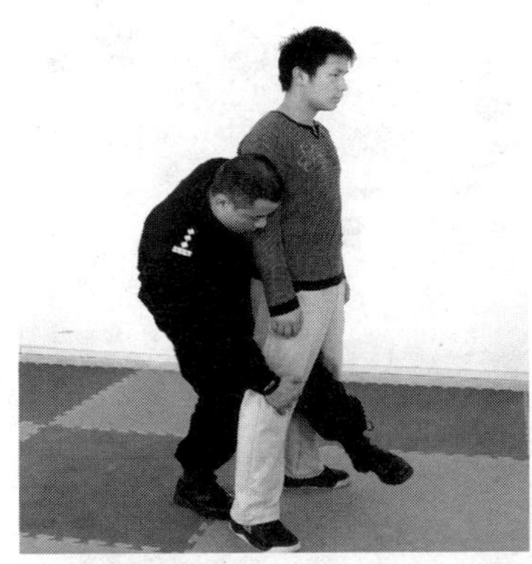

图7–1–98

图7–1–99

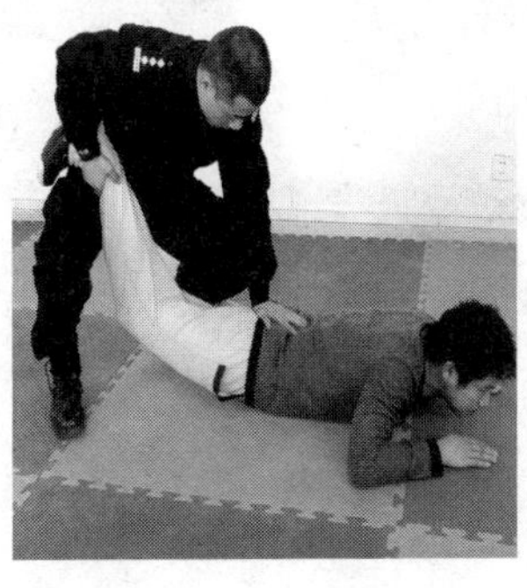

图7–1–100

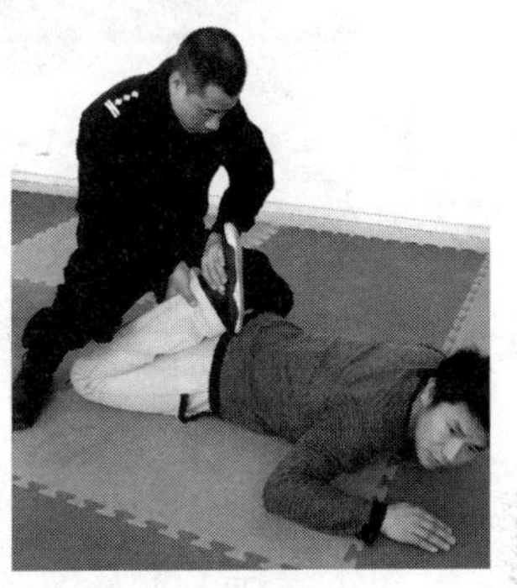

图7–1–101

十八、锁喉摔控制

动作说明：警察从犯罪嫌疑人身后接近，右脚落于对方两脚后，右手快速勒脖锁喉并降低重心后拉。同时，左手扣抓对方左手腕后拉，迫使对方失去重心且重心下降，当对方身体后仰，臀部接近或坐于地面时，左转体将对方摔倒成俯卧状。随即右膝跟进，跪压其肩部，迫使对方左臂伸直挂于左腹股沟上，折对方手腕。将对方手臂直臂向其身后推送，左膝跟进，跪压其左肩，成跪压控制。如图7–1–102，图7–1–103，图7–1–104，图7–1–105。

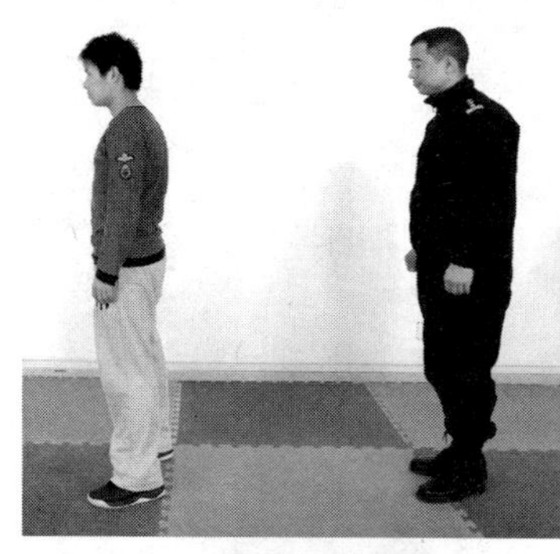

图7-1-102

图7-1-103

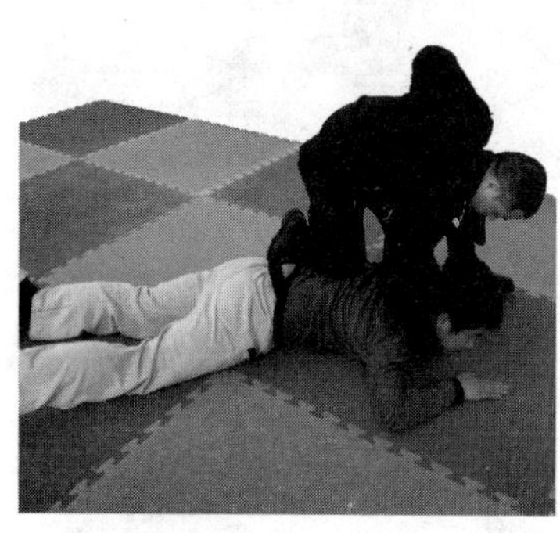

图7-1-104

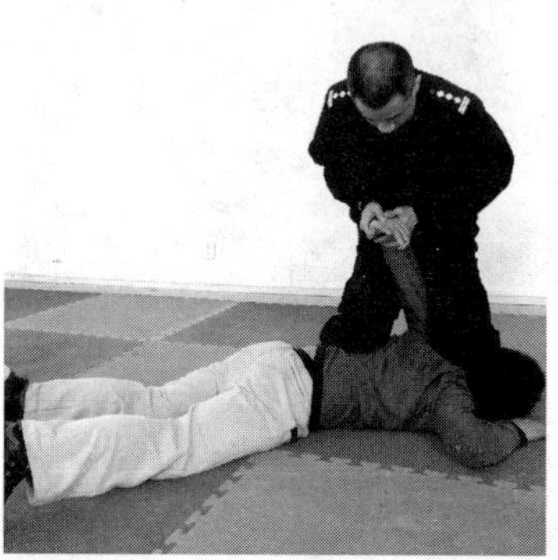

图7-1-105

动作要点：①锁喉、后拉、降重心。

②转体跪压肩部要及时。

易犯错误：①锁喉、后拉不迅速，动作慢。

②对方重心未降，身体未后仰就转体。

纠正方法：①分解动作，针对性反复练习。

②完整慢动作，多次体会。

动作应用：实战中单警使用时，主要是针对未携带凶器或武器的一般犯罪嫌疑人，由后突袭。在闹市区或人员繁杂的区域使用时，警察在进入有效控制距离前，必须伪装接近。否则，动作过大，犯罪嫌疑人可以通过迎面无关人员惊异的表情行为，察觉身后有异，从而使行动失败。原则上不建议在闹市区抓捕，避免惊扰群众。十分必要时，则协同民警要及时出示证件，告知周围群众，并进行警戒。

十九、抱膝摔控制

动作说明：警察由后突袭，侧身半蹲，右脚落于被控对象右脚前侧方，右肩贴紧对方右臀下方，双手搂抱对方双膝，右肩向下顶压。同时，双手抱腿向对方后上方抽起，迫使对方摔倒在地，随即，重心不起，直接上左腿骑坐对方腰部，右手顺势勒脖后拉，左手迅速搂抓对方左臂，挂于左腿，右手搂其右臂，挂于右腿，夹腿骑坐控制。如图7-1-106，图7-1-107，图7-1-108，图7-1-109，图7-1-110。

动作要点：①贴肩与抱膝部位要准确，发力要交错。

②骑坐要准确、及时，控臂要牢固。

易犯错误：①贴肩与抱膝部位不准确，发力不同时。

②发力方向不对，致对方倒地失控，造成骑坐不准确，不及时。

纠正方法：①强调发力方向，分析错误动作成因。

②分解动作反复体会。

动作应用：警组协同抓捕严暴案件犯罪嫌疑人时，主攻手可以采用此法。实战中警察用迅猛的打击，破坏对方重心，从心理上震慑对方，行为上，对方定会本能用手主动撑地，无暇反击。协同民警要及时协助控制。

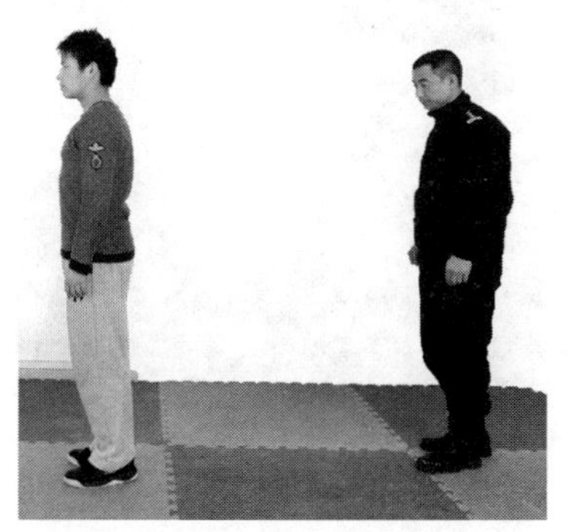

图7-1-106

图7-1-107

图7-1-108

图7-1-109

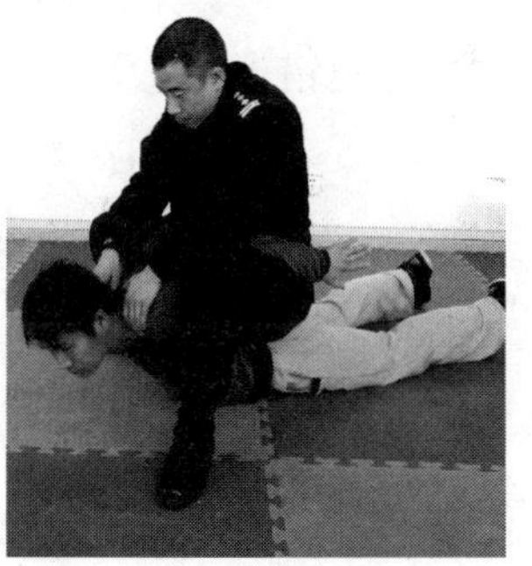

图7-1-110

二十、切别摔控制

动作说明：警察从犯罪嫌疑人侧前方或正前方接近，左脚落于犯罪嫌疑人右脚外侧。同时，左手抓握其右手腕，随即身体重心前移，进胯的同时，快速用右臂切击其颈部，利用切击和别腿的合力将其拧别摔倒在地。随后提拉其右臂成直臂，右膝迅速跟进靠压其右肩窝，左手抓握其右手折腕，右手控抓其肘部，拧转其右臂，右膝跪压其右肩，通过折腕、拧别、跪压、拖拽，将对

方拧转成俯卧状，直臂跪压控制。如图7-1-111，图7-1-112，图7-1-113，图7-1-114。

图7-1-111

图7-1-112

图7-1-113

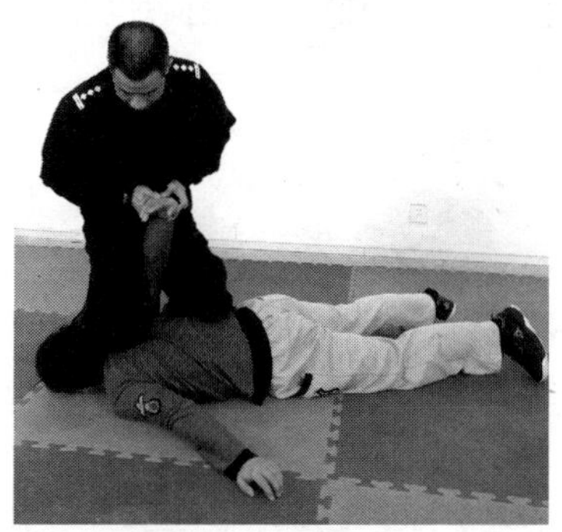
图7-1-114

动作要点：①上步进身要突然，抓腕要准确。

②切别、拧转和跪控动作要连贯迅猛。

易犯错误：①切别、拧转和跪控动作不连贯。

②对方倒地后，控制不住。

纠正方法：①分解动作，针对性反复练习。

②完整动作，一气呵成，多次体会。

动作应用：实战中单警使用时，主要是针对未携带凶器或武器的一般犯罪嫌疑人，由前突袭。使用时，警察在进入有效控制距离前，必须伪装接近。原则上不建议在闹市区抓捕，避免惊扰群众。十分必要时，则协同民警要及时出示证件，告知周围群众，并进行警戒。

第二节　二对一控制实战技术

一、两侧抓臂带离控制

动作说明：两民警由控制对象身后两侧接近，同时使用抓腕推肘控制对方双臂。此技术主要用于两人协同带离。如图7–2–1，图7–2–2，图7–2–3。

动作要点：接近要自然，动作要同时，配合要默契，力量要适度。

易犯错误：①动作缓慢不协调，不同时。

②控制不牢固，协同配合不默契。

纠正方法：①正确掌握单警抓臂带离技术，多次反复练习，形成动力定型。

②分组练习前，明确一民警组织指挥，协同民警要注意指挥者发出的信号要求，积极协同。

③分解练习，反复操练，注重动作的协同和完整。

动作应用：实战应用时，主要针对正在违法或有违法嫌疑，且有必要或必须对其采取强制手段的行为人。控制对象手上没有锐利凶器；警察接近要自然，配合要默契；控制后，要表明身份，并且要有交流，伴随语言控制。

图7–2–1

图7–2–2

图7–2–3

实战中，需要武力升级进一步加大控制程度时，在协同抓臂带离的前提下，由一民警发出信号，两人同时打腿，或同时绊腿并大跨一步，降低重心，以肩压肩，迫使控制对象倒地并抓臂控制。如图7–2–4，图7–2–5，图7–2–6。

图7-2-4

图7-2-5

图7-2-6

二、两侧反向扛臂带离控制

动作说明：当两民警协同抓臂带离或抓肘扛臂押解时，控制对象利用地物、地形不配合或反抗时，例如：脚前蹬台阶不前进、上车蹬门不配合或遇其他障碍物反抗时，两民警同时进行反向扛臂带离控制。如图7–2–7，图7–2–8。

动作要点：动作要同时，配合要默契，行动要果断，带离方向要一致，动作要迅速。

易犯错误：动作不同时，配合不默契，没有统一带离方向，行动不果断，带离速度缓慢。

纠正方法：明确一人指挥，统一步调和节奏，多次反复演习。

动作应用：实战中，此法主要用于迅速撤离现场的带离或押解。必要时，当两民警反向扛臂带离，可增加一民警，抱单腿前送协同。

图7–2–7

图7–2–8

三、前后箍抱撅指上铐控制

动作说明：两民警前后夹击控制对象，A民警由后突袭箍抱控制，B民警迅速上前撅指并快速上铐控制。如图7–2–9，图7–2–10，图7–2–11。

动作要点：箍抱控制要牢固，撅指上铐要及时，快速。

易犯错误：箍抱不牢固，上铐不及时，配合不默契。

纠正方法：①强化单个动作，做到控制要有力，迅猛。

②分工明确，分解动作反复体会，多次磨合。

动作应用：实战中，主要用于控制手上没有抓握凶器或武器的一般犯罪嫌疑人。A民警主要箍抱对方肘关节以下，即对方前臂，不让对方屈肘在腰间或口袋里掏东西；箍抱后迅速降低重心，使对方不便起腿进攻。B民警及时上前时要防备对方踢腿进攻，侧身上前，左脚落于对方右脚外侧。

图7-2-9

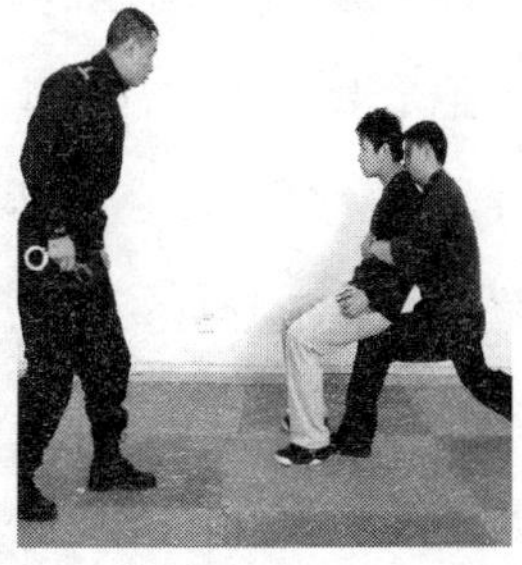

图7-2-10

图7-2-11

四、两侧"鹅头拿"由后突袭控制

动作说明：两民警由控制对象身后两侧接近，同时使用夹肘折腕控制对方双臂。此技术主要用于协同控制手上没有抓握凶器或武器的一般犯罪嫌疑人，也可用于协同带离违法行为人。如图7-2-12，图7-2-13，图7-2-14。

动作要点：接近要自然，动作要同时，配合要默契，力量要适度。

易犯错误：①动作缓慢不协调，不同时，不迅猛。

②控制不牢固，协同配合不默契。

纠正方法：①强化单个动作，做到控制要有力，迅猛。

②分解动作反复体会，多次磨合。

③明确一民警指挥，分主次协同控制。

动作应用：实战中，当犯罪嫌疑人或违法行为人手上没有抓握凶器或武器时，两民警夹击控制其双手，使其双手不能抓握器具且受制。两民警接近时，主要以一民警指挥，协同民警要注意行动信号，保持隐蔽和默契，动作要同时，并一气呵成，牢固控制后，及时表明身份。

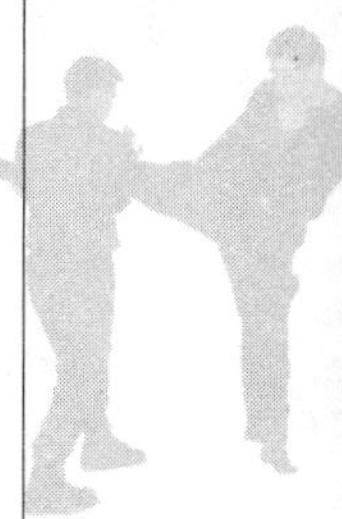

图7-2-12

图7-2-13

图7-2-14

五、两侧拉肘别臂、抓腕压臂协同控制（迎面）

动作说明：A民警在犯罪嫌疑人右前侧，B民警在犯罪嫌疑人左前侧，由两侧伪装贴靠，自然接近，同时动作，A民警使用拉肘别臂控制对方右臂，B民警抓腕压臂控制对方左臂。如图7-2-15，图7-2-16，图7-2-17。

动作要点：①接近时要自然，A民警动作要迅猛，充分体现快、准、狠，B民警协同要及时，控制要牢固；

②两人配合要默契，要以最短时间，最快速度将犯罪嫌疑人控制。

易犯错误：①进入有效距离后，行动缓慢，完成动作力量不够，不凶狠，不协调。

②配合不默契，控制力点发力不协同。

纠正方法：①强化单警动作，准确把握控制发力点。

②分组分解动作反复体会，多次磨合。

动作应用：实战中，此技术主要针对可能剧烈反抗抓捕的重大犯罪嫌疑人，有较大危险性。要求伪装逼真，隐蔽接近，突袭迅猛，震慑犯罪嫌疑人；控制前，必须分工明确，控制时要默契协同，控制后及时表明身份；主控手伴随语言控制，既震慑对方又可提醒协同民警进一步配合加固控制。

图7-2-15

图7-2-16

图7-2-17

六、前后抱腿顶摔夹颈控制

动作说明：两民警前后夹击控制对象，A民警由其身后突然使用抱膝顶摔，迫使对方倒地；A民警紧紧抱着对方腿部膝处不让其转体或起来，B民警迅速由前采用夹头控制，进而控臂上铐。如图7-2-18，图7-2-19，图7-2-20，图7-2-21，图7-2-22，图7-2-23。

动作要点：①使用抱腿顶摔要突然，迅猛。

②B民警要及时跟进，夹头和控臂要有力，不拖泥带水。

易犯错误：①抱腿顶摔力量不够，不迅猛。

②协同不及时，控制不到位。

纠正方法：①分别强化单警动作，熟练掌握。

②分解动作反复体会，对两人默契配合练习反复操练。

动作应用：主要针对站立或行进的重大犯罪嫌疑人，行动前不能让其发现我方控制意图，当对方双手暴露且没抓握武器或凶器时，及时打响战斗。

图7-2-18

图7-2-19

图7-2-20

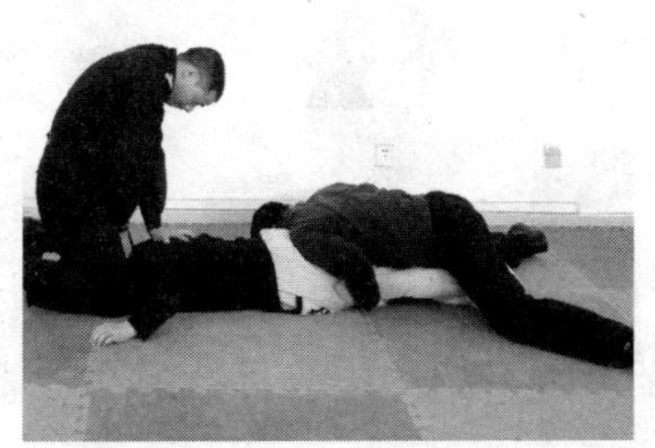

图7-2-21

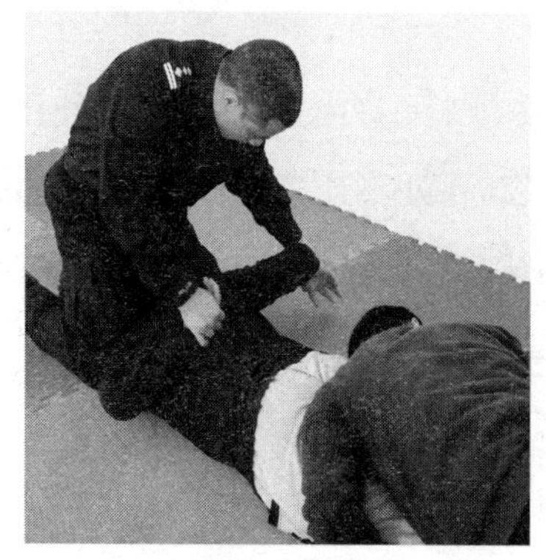

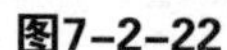
图7-2-22

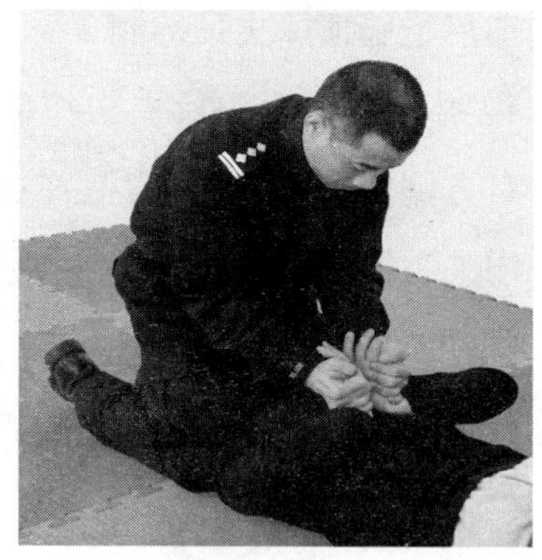
图7-2-23

七、两侧抓腕扛肘协同控制

动作说明：两民警由控制对象身后两侧接近，同时使用抓腕扛肘控制对方双臂。此技术主要用于协同控制双手暴露且手上没有抓握凶器或武器的一般犯罪嫌疑人，也可用于协同带离违法行为人。如图7-2-24，图7-2-25，图7-2-26。

动作要点：接近要自然，动作要同时，配合要默契，力量要适度。

易犯错误：①动作缓慢不协调，不同时，不迅猛。

②控制不牢固，协同配合不默契。

纠正方法：①强化单个动作，做到控制要有力，迅猛。

②分解动作反复体会，多次磨合。

③明确一民警指挥，分主次协同控制。

动作应用：实战中，当犯罪嫌疑人或违法行为人手上没有抓握凶器或武器时，两民警夹击控制其双手，使其双手不能抓握器具且受制。两民警接近时，主要以一民警指挥，协同民警要注意行动信号，保持隐蔽和默契，动作要同时，并一气呵成，牢固控制后，及时表明身份。此法也可在并排坐姿时使用。

图7-2-24

图7-2-25

图7-2-26

八、两侧携臂抓腕压臂协同控制

动作说明：A民警在犯罪嫌疑人右前侧，B民警在犯罪嫌疑人左前侧，由两侧伪装贴靠，自然接近，同时动作，A民警使用携臂技术控制对方右臂，B民警抓腕压臂控制对方左臂。如图7–2–27，图7–2–28，图7–2–29，图7–2–30。

动作要点：①接近时要自然，A民警动作要迅猛，充分体现快、准、狠，B民警协同要及时，控制要牢固。

②两人配合要默契，要以最短时间，最快速度将犯罪嫌疑人控制。

易犯错误：①进入有效距离后，行动缓慢，完成动作力量不够，不凶狠，不协调。

②配合不默契，控制力点发力不协同。

纠正方法：①强化单警动作，准确把握控制发力点。

②分组分解动作反复体会，多次磨合。

动作应用：实战中，此技术主要针对可能剧烈反抗抓捕的重大犯罪嫌疑人，有较大危险性。要求伪装逼真，隐蔽接近，突袭迅猛，震慑犯罪嫌疑人；控制前，必须分工明确，控制时要默契协同，控制后及时表明身份；主控手伴随语言控制，既震慑对方又可提醒协同民警进一步配合加固控制。

图7–2–27

图7–2–28

图7–2–29

图7–2–30

九、仰卧时两侧跪肩别臂抓腕顶裆锁喉协同控制

动作说明：当控制对象处于仰卧时，A、B民警从两侧接近，A民警迅速采用跪肩别臂控制，同时，B民警快速跟进，采用抓腕顶裆锁喉协同控制。如图

7-2-31，图7-2-32。

动作要点：①A民警使用跪肩别臂要迅猛，牢固，动作一气呵成。

②B民警跟进要快，控制左腕要牢固，顶裆锁喉要凶狠。

易犯错误：①整个动作完成缓慢，力度不够，没有强大的震慑力。

②对关节部位控制不牢固，配合不默契。

纠正方法：采用分组分解动作练习，特别要反复操练对关节的牢固控制和默契配合练习。

动作应用：实战中，此技术主要针对在室内休息，可能剧烈反抗抓捕的重大犯罪嫌疑人，有较大危险性。主要体现为突袭强攻，破门进入行动，要求突袭迅猛、凶狠，强烈震慑犯罪嫌疑人；控制前，必须分工明确，控制时要默契协同.

图7-2-31

图7-2-32

十、前后接近切别摔跪压折膝协同控制

动作说明：两民警前后夹击，当控制对象在行进间时，A民警迎面突袭使用切别摔技术，进而跪压控制，B民警立即上前，采用折膝控制。如图7-2-33，图7-2-34，图7-2-35，图7-2-36，图7-2-37。

动作要点：①A民警使用切别摔进而跪压控制要一气呵成，迅猛、凶狠，控制要牢固。

②B民警跟进要快，折膝控制要牢固。

易犯错误：①整个动作完成缓慢，力度不够，没有强大的震慑力。

②对关节部位控制不牢固，配合不默契。

纠正方法：采用分组分解动作练习，特别要反复操练对关节的牢固控制和默契配合练习。

动作应用：实战中，此技术主要针对可能剧烈反抗抓捕的重大犯罪嫌疑人，有较大危险性。要求伪装逼真，隐蔽接近，突袭迅猛，震慑犯罪嫌疑人；控制前，必须分工明确，控制时要默契协同，控制后及时表明身份。

图7-2-33

图7-2-34

图7-2-35

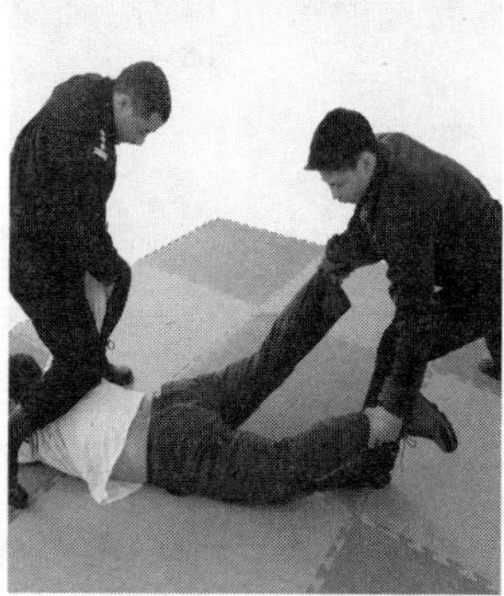

图7-2-36

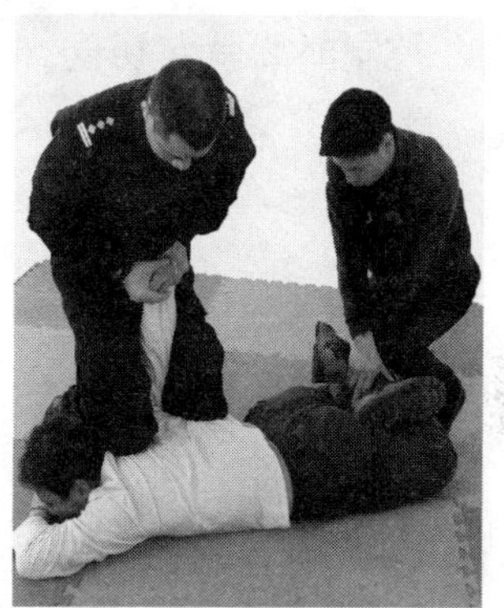

图7-2-37

第三节　三对一控制实战技术

一、前、侧及后接近锁喉摔跪压别臂折膝协同控制

动作说明：A民警在犯罪嫌疑人的后方，B民警在犯罪嫌疑人的左侧，C民警在犯罪嫌疑人的前方，分工明确，合理伪装，进入战斗位置。首先，A民警使用锁喉摔将其摔倒在地，进一步跪压控制；B民警在其倒地时，立即上前跪压控制其右臂；同时，C民警随即采用折膝控制其双腿。如图7-3-1，图7-3-2，图7-3-3，图7-3-4。

动作要点：①A民警锁喉、后拉、转体动作要迅猛连贯，一气呵成，牢固控制其手臂。

②B、C民警随即跟进要快速，跪压和折膝要牢固，不留其反抗的机会。

③整个过程节奏明显，动作清晰，配合默契。

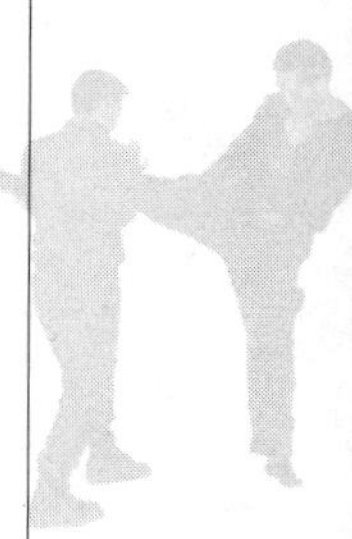

易犯错误：①控制不力，动作不协调，不到位，体现不了快准狠。

②B、C民警跟进不及时，衔接不紧凑，配合不默契。

纠正方法：①强化单警动作，准确把握控制发力点。

②采用分组分解动作练习，特别要反复操练对关节的牢固控制和默契配合练习。

③多次完整连贯，衔接紧凑，控制准确有力的整套演习。

动作应用：实战中，此技术主要针对重大严暴案件的犯罪嫌疑人，其身体强壮，暴力倾向性高，极有可能持凶器或武器反抗，危险性极大。要求参战民警伪装逼真，隐蔽接近，突袭迅猛，震慑犯罪嫌疑人；控制前，必须分工明确，控制时要默契协同，控制后及时表明身份，警组其他民警要高度警惕实施警戒。

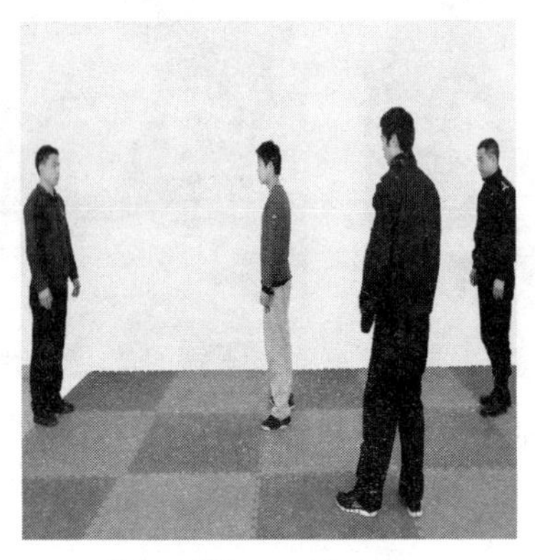

图7-3-1

图7-3-2

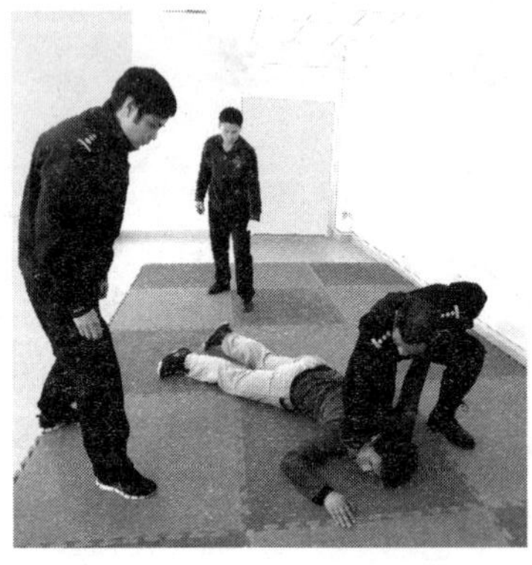

图7-3-3

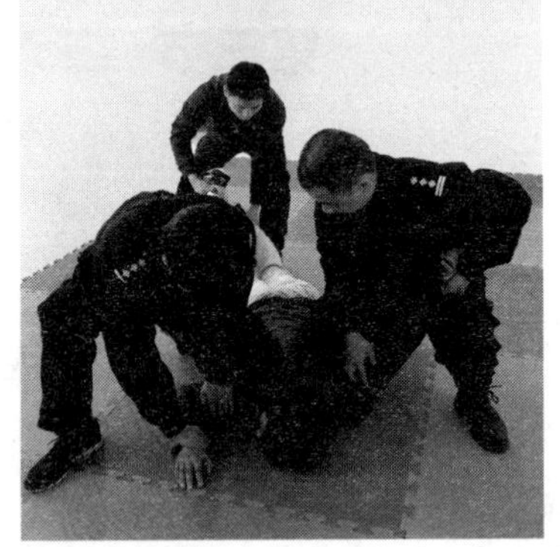

图7-3-4

二、两侧及后接近抱腿顶摔跪肩别臂协同控制

动作说明：A民警在犯罪嫌疑人的身后，B、C民警在犯罪嫌疑人的两侧后，分工明确，合理伪装，进入战斗位置。首先，A民警使用抱腿顶摔将其摔倒在地，在A民警紧紧抱着对方腿部膝处不让其转体或起来的同时，B、C民警迅速上前，分别跪压其肩部，控制其双臂。如图7-3-5，图7-3-6，图7-3-7，图7-3-8，图7-3-9。

动作要点：①A民警抱腿顶摔动作要凶猛，牢牢抱紧其腿部膝处不让其转体或起来。

②B、C民警随即跟进要快速，跪压别臂要牢固，不留其反抗的机会。

③整个过程节奏明显，动作清晰，配合默契。

易犯错误：①控制不力，动作不协调，不到位，体现不了快、准、狠。

②B、C民警跟进不及时，衔接不紧凑，配合不默契。

纠正方法：①强化单警动作，准确把握控制发力点。

②采用分组分解动作练习，特别要反复操练对关节的牢固控制和默契配合练习。

③多次完整连贯，衔接紧凑，控制准确有力的整套演习。

动作应用：实战中，此技术主要针对重大严暴案件的犯罪嫌疑人，其身体强壮，暴力倾向性高，极有可能持凶器或武器反抗，危险性极大。要求参战民警伪装逼真，隐蔽接近，突袭迅猛，震慑犯罪嫌疑人；控制前，必须分工明确，控制时要默契协同，如遇体重大、本力大、身材高大的犯罪嫌疑人，则B、C民警要在A民警抱腿时及时并同时推其肩部，迫使其倒地，控制后及时表明身份，警组其他民警要高度警惕实施警戒。

图7-3-5

图7-3-6

图7-3-7

图7-3-8

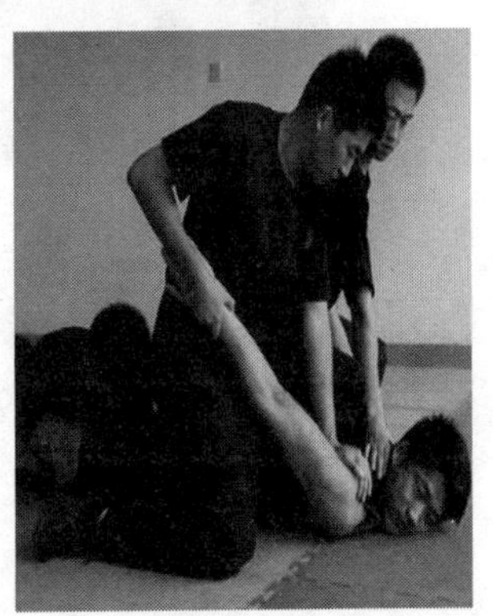
图7-3-9

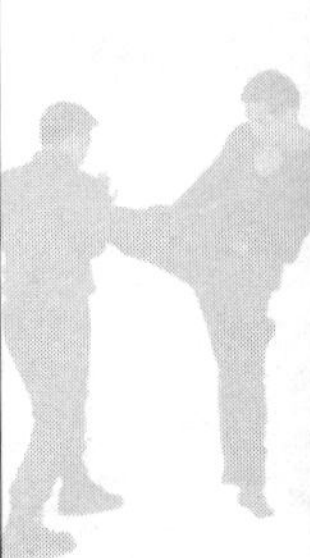

三、两侧及前搂腿挑摔跪肩别臂协同控制

动作说明：首先A民警在犯罪嫌疑人的身后，B、C民警在犯罪嫌疑人的两侧前方，分工明确，合理伪装，进入战斗位置。然后，A民警使用搂腿挑摔将其摔倒在地，进而折膝控制。最后，在A民警将进行折膝控制的同时，B、C民警迅速上前，分别跪压其肩部，控制其双臂。如图7–3–10，图7–3–11，图7–3–12，图7–3–13。

动作要点：①A民警搂腿挑摔动作要连贯迅猛，一气呵成，牢固控制其双腿。

②B、C民警随即跟进要快速，跪压别臂要牢固，不留其反抗的机会。

③整个过程节奏明显，动作清晰，配合默契。

易犯错误：①控制不力，动作不协调，不到位，体现不了快准狠。

②B、C民警跟进不及时，衔接不紧凑，配合不默契。

纠正方法：①强化单警动作，准确把握控制发力点。

②采用分组分解动作练习，特别要反复操练对关节的牢固控制和默契配合练习。

③多次完整连贯，衔接紧凑，控制准确有力的整套演习。

动作应用：实战中，此技术主要针对重大严重暴力案件的犯罪嫌疑人，其暴力倾向性高，极有可能持凶器或武器反抗，危险性极大。要求参战民警伪装逼真，隐蔽接近，突袭迅猛，震慑犯罪嫌疑人；控制前，必须分工明确，控制时要默契协同，控制后及时表明身份，警组其他民警要高度警惕实施警戒。

图7–3–10

图7–3–11

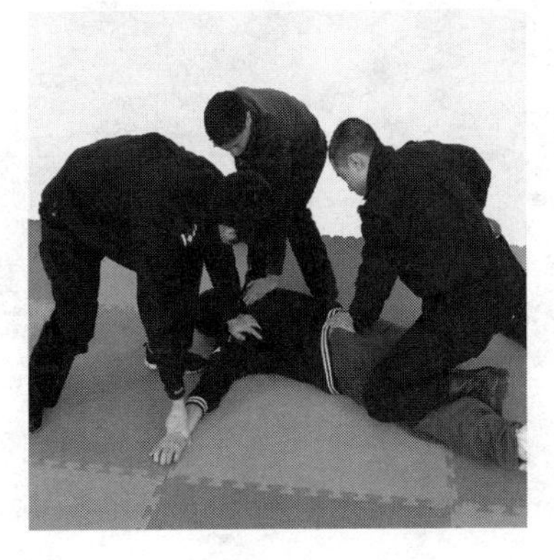

图7-3-12

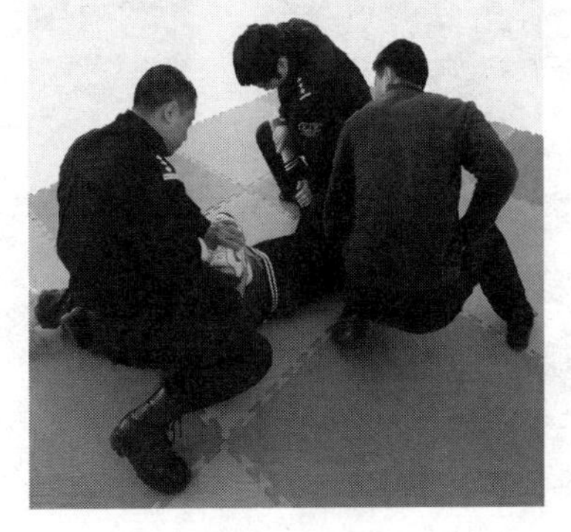

图7-3-13

第四节　利用地形地物的控制实战技术

一、沙发、座位、小巷里折腕牵羊控制

情况显示：犯罪嫌疑人坐在KTV包厢的沙发上，或在火车的车厢座位上，或在车厢两头狭窄通道上，或在特定环境里。

实战背景：犯罪嫌疑人实施了暴力犯罪，身上可能携带凶器，对方尚未发现我方意图，控制时，有反抗或拒捕可能；极有可能有同伙接应。

实施过程：A民警可以伪装成包厢服务员提供账单，或伪装成列车员查票，或小巷里借故搭讪（借火抽烟），伪装贴靠，当被控对象伸出手交接时机出现，条件成熟时，立即使用折腕牵羊控制打响战斗；B民警快速接近，抓腕压肩控制另一手臂；C民警迅速跟进，及时出示证件，表明身份，并实施警戒。如图7-4-1，图7-4-2，图7-4-3。

实战要求：①警组3~5人默契配合，分工明确，责任到人。

②A民警伪装要逼真，接近要自然。

③实施控制要快、准、狠，整体配合要节奏明快，体现团队战斗力，震慑犯罪嫌疑人。

图7-4-1

图7-4-2

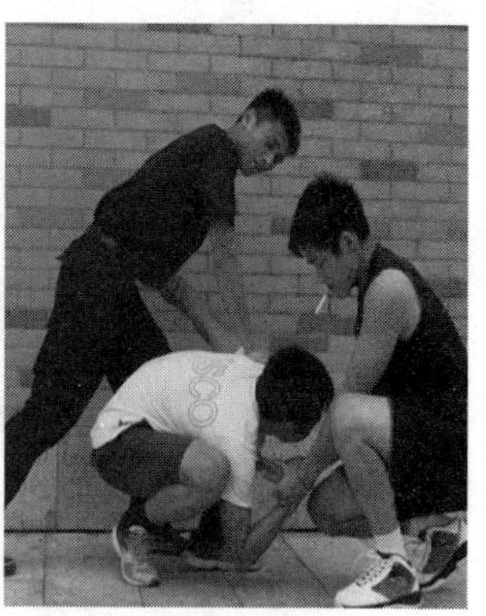

图7-4-3

二、楼道间别臂前锁喉控制

情况显示：犯罪嫌疑人一个人在楼道中上行。A民警迎面下行，B民警在犯罪嫌疑人身后尾随跟踪。

实战背景：犯罪嫌疑人实施了暴力犯罪，未发现其身上携带凶器，对方尚未发现我方意图，控制时，有反抗或拒捕可能；没有同伙接应。

实施过程：A民警接到B民警信号后，控制节奏，把握时机，与犯罪嫌疑人在楼道中迎面交会时，快速别臂控制，同时，前锁喉固定控制；B民警迅速跟进，抓腕压肩控制另一手臂。如图7-4-4，图7-4-5，图7-4-6，图7-4-7，图7-4-8。

实战要求：①警组2~3人前后夹击协同控制。

②配合要默契，分工要明确。

③接近要自然逼真，必要时可以A和C民警同时并排下行，A民警稍前，边行边聊，迷惑对方；同时，C民警阻碍其上行，可控节奏，掩护A民警出击，并可及时控制其另一手臂，避免B民警跟进不及时。

图7-4-4

图7-4-5

图7-4-6

图7-4-7

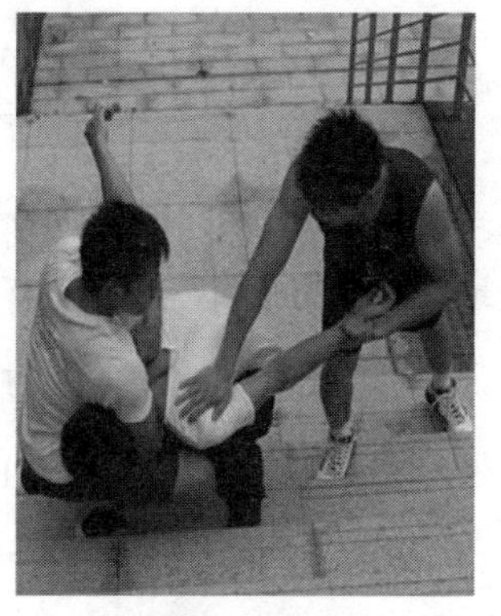
图7-4-8

三、柜台前别臂搂颈控制

情况显示：犯罪嫌疑人在宾馆服务台前登记或结账，或在酒店柜台前结账，或在餐桌边就餐。

实战背景：犯罪嫌疑人实施了暴力犯罪，身上可能携带凶器，对方尚未发现我方意图，控制时，有反抗或拒捕可能；极有可能有同伙接应。

实施过程：A民警在犯罪嫌疑人强手侧后方伪装接近，快速使用别臂搂颈控制；B民警同时迅速用抓腕压肩控制另一手臂。C民警迅速跟进，及时出示证件，表明身份，并实施警戒。如图7-4-9，图7-4-10，图7-4-11，图7-4-12。

实战要求：①警组2~3人左右夹击协同控制。

②配合要默契，分工要明确。

③接近要自然逼真，实施控制要快、准、狠，震慑犯罪嫌疑人。

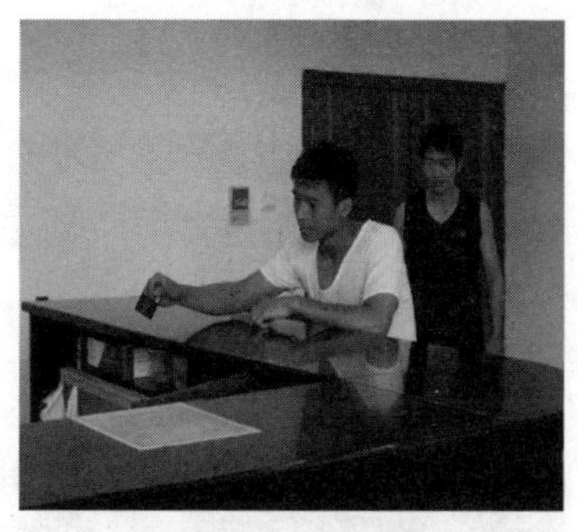
图7-4-9

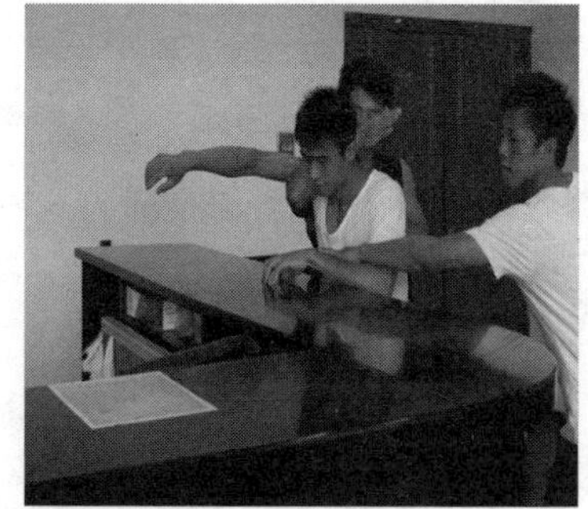
图7-4-10

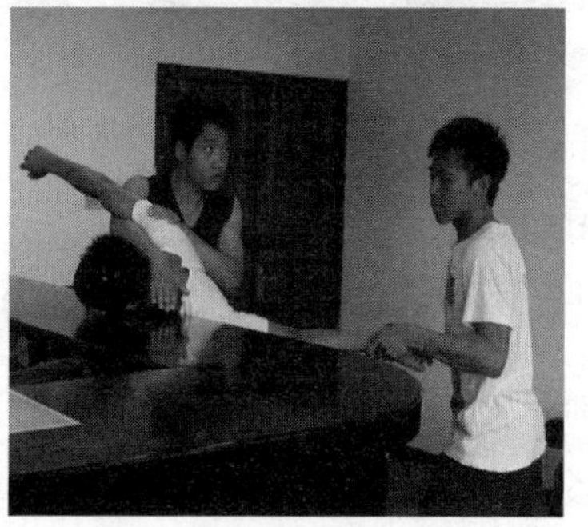
图7-4-11

图7-4-12

四、狭窄过道提臂压颈（或抱膝摔）控制

情况显示：犯罪嫌疑人从宾馆房间出来，行进在狭窄过道中。

实战背景：犯罪嫌疑人实施了暴力犯罪，身上可能携带凶器，对方尚未发现我方意图，控制时，有反抗或拒捕可能；极有可能有同伙接应。

实施过程：A民警伪装自然，尾随犯罪嫌疑人行进，当B民警在前面迎面出现时，A民警迅速由后使用提臂压颈控制；B民警快速上前，折膝控制。如图7–4–13，图7–4–14，图7–4–15，图7–4–16。

实战要求：①警组3~5人协同控制，2人前后夹击控制，1人警戒，1人疏散通道，1人把守房门。

②配合要默契，分工要明确。

③控制时要快、准、狠，控制后快速撤离。

图7–4–13

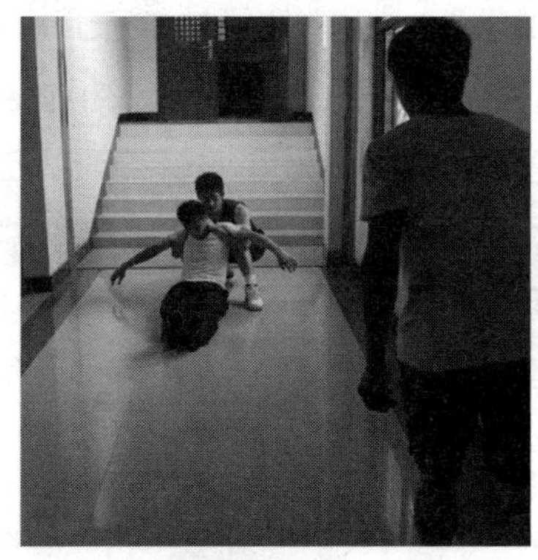

图7–4–14

图7–4–15

图7–4–16

五、街面锁臂拧腕（天王托塔）控制

情况显示：犯罪嫌疑人出现在公共场所或人员拥挤的街面。

实战背景：犯罪嫌疑人实施了暴力犯罪，身上可能携带凶器，对方尚未发现我方意图，控制时，有反抗或拒捕可能；极有可能有同伙接应。

实施过程：A民警伪装散发名片（各种合理伪装），当犯罪嫌疑人伸手接拿时，锁臂拧腕控制；B民警迅速协同，搂臂压肩控制。当街面人员特别

拥挤时，A、B民警可直接由后侧接近夹击，同时使用锁臂拧腕控制。如图7-4-17，图7-4-18，图7-4-19，图7-4-20。

实战要求：①警组3~5人协同控制，2人夹击控制，1人警戒，1人及时表明身份并疏散。

②配合要默契，分工要明确。

③控制时要快、准、狠，震慑犯罪嫌疑人。

图7-4-17

图7-4-18

图7-4-19

图7-4-20

第五节　对不同身体姿势对象的控制实战技术

一、站立或行进间箍抱控制

情况显示：犯罪嫌疑人处于站立时或漫步行进时。

实战背景：犯罪嫌疑人实施了暴力犯罪，身上可能携带凶器或武器，对方尚未发现我方意图，控制时，有反抗或拒捕可能；极有可能有同伙接应。

实施过程：A民警由后或侧后伪装接近，快速将其两小臂与身体一同死死箍抱住，随即降低重心下蹲，使其不能掏枪或握刀挥臂；B民警迅速由其前侧

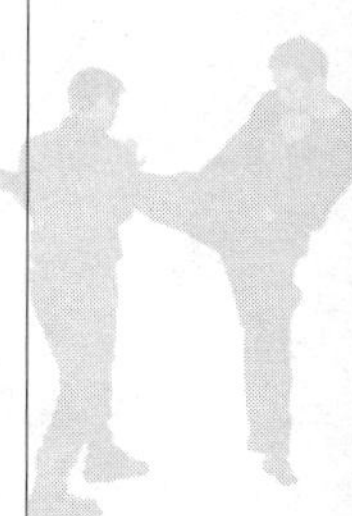

方接近，撅指上铐控制，随即搜身。如图7-5-1，图7-5-2，图7-5-3。

实战要求：①警组2~3人协同控制，2人前后夹击控制，1人警戒，并及时表明身份并疏散。

②配合要默契，分工要明确。

③A民警控制时必须稳固、有力，B民警协同策应要快速。

图7-5-1

图7-5-2

图7-5-3

二、接打电话时肩别臂控制

情况显示：犯罪嫌疑人的习惯手抓握电话正在接打电话，投入电话通话，注意力相对集中时。

实战背景：犯罪嫌疑人实施了暴力犯罪，身上可能携带凶器，对方尚未发现我方意图，控制时，有反抗或拒捕可能。

实施过程：A民警由犯罪嫌疑人前侧方伪装接近，快速使用肩别臂控制其习惯手；B民警在其身后迅速接近使用折膝控制。如图7-5-4，图7-5-5，图7-5-6，图7-5-7，图7-5-8。

实战要求：①警组2~3人协同控制，2人前后夹击控制，1人警戒，并及时表明身份并疏散。

②配合要默契，分工要明确。

③控制结束迅速撤离。

图7-5-4

图7-5-5

图7-5-6

图7-5-7

图7-5-8

三、坐椅搂臂锁喉摔控制

情况显示：犯罪嫌疑人坐于椅子或凳子上。

实战背景：犯罪嫌疑人实施了犯罪，尚未发现我方意图，控制时，有反抗或拒捕可能。

实施过程：A民警由犯罪嫌疑人身后秘密接近，快速使用搂臂锁喉摔，迫使其倒地，迅速跪压控制；B民警迎面快速接近，使用折膝控制。如图7-5-9，图7-5-10，图7-5-11。

实战要求：①警组2~3人协同控制，2人前后夹击控制，1人警戒，并及时表明身份并疏散。

②A民警打响战斗时，B民警要迅速跟上，配合要默契，分工要明确。

③控制结束迅速撤离。

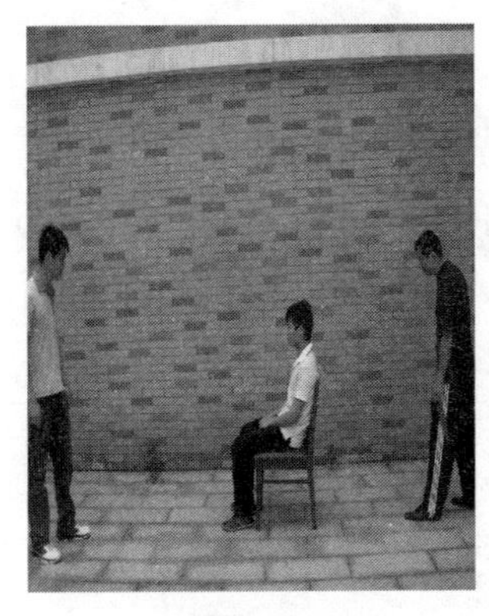

图7-5-9

图7-5-10

图7-5-11

四、仰卧抓腕跪肩别臂控制

情况显示：犯罪嫌疑人一人在房间床上，并呈仰卧姿势。

实战背景：犯罪嫌疑人实施了暴力犯罪，正躺在房间床上，并呈仰卧姿势休息，抓捕小组掌握了相关信息（包括生活习惯等），对我方组织抓捕未有防

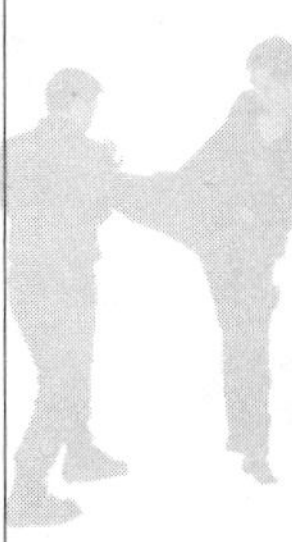

范，控制时，有反抗或拒捕可能。

实施过程：A民警入室后，取捷径迅猛控制其习惯手手腕，并用膝盖跪压其肩部，同时，用力掐脖；B民警紧跟A民警身后，快速别臂控制另一手臂；C民警迅速在其枕下、床头柜搜查凶器或武器。如图7-5-12，图7-5-13，图7-5-14。

A民警入室后，发现对方双手在被窝未暴露在外，或不能判明对方手臂位置，则迅速抱压对方上体，B民警随即搂抱对方腿部，A、B民警协同将对方拖下床，远离枕下和床头柜，再协同掐脖、顶裆、抓腕、别臂、压（踩）肩控制。

实战要求：①警组3~5人协同控制，2人夹击控制，1人搜查，1人警戒或协同控制。

②战斗小组依次进入，分工明确。

③战斗进行一定要迅猛，要有强大的震慑力。

④控制结束迅速撤离，其他小组进行清理和善后。

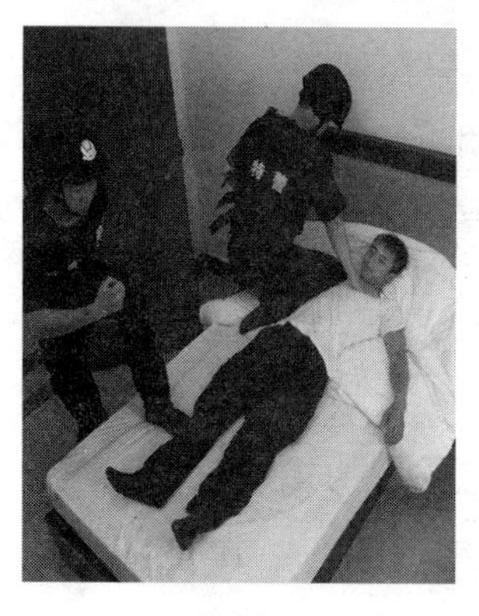
图7-5-12

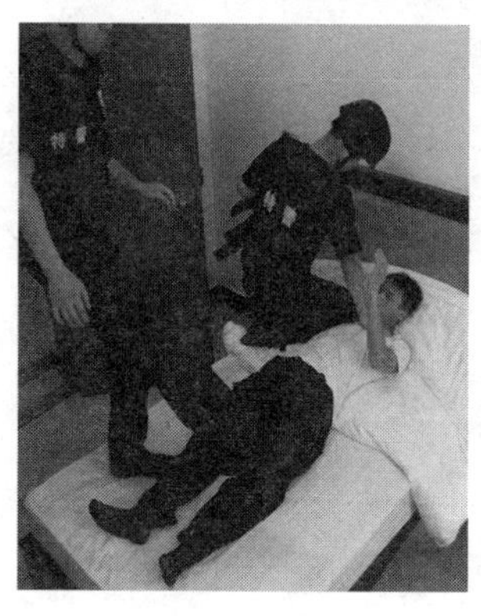
图7-5-13

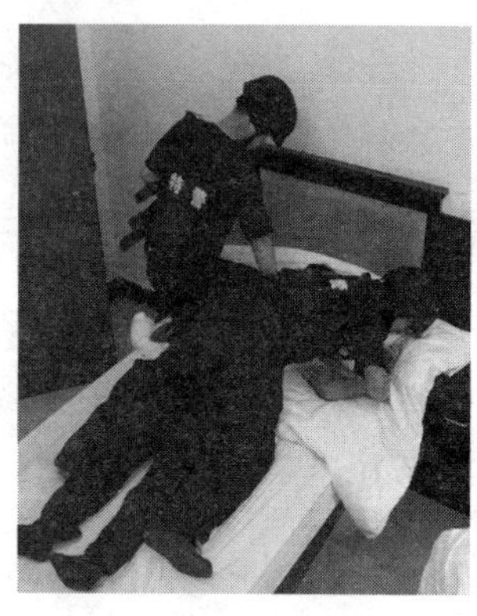
图7-5-14

五、侧卧抓腕携臂控制

情况显示：犯罪嫌疑人独自在房间床上，并呈侧卧姿势。

实战背景：犯罪嫌疑人实施了暴力犯罪，正在房间侧卧姿势休息，对我方组织抓捕未有防范，控制时，有反抗或拒捕可能。

实施过程：A民警入室后，取捷径迅猛使用携臂控制；B民警紧跟其后迅速抱压其腿部或折膝控制；C民警随即控制另一手臂，并用力压肩；其他民警搜查和警戒。如图7-5-15，图7-5-16，图7-5-17。

实战要求：①警组3~5人协同控制，1人携臂控制，1人折膝控制，1人抓腕压肩控制或搜查，1人警戒或协同控制。

②战斗小组依次进入，分工明确。

③战斗进行一定要迅猛，要有强大的震慑力。

④控制结束迅速撤离，其他小组进行清理和善后。

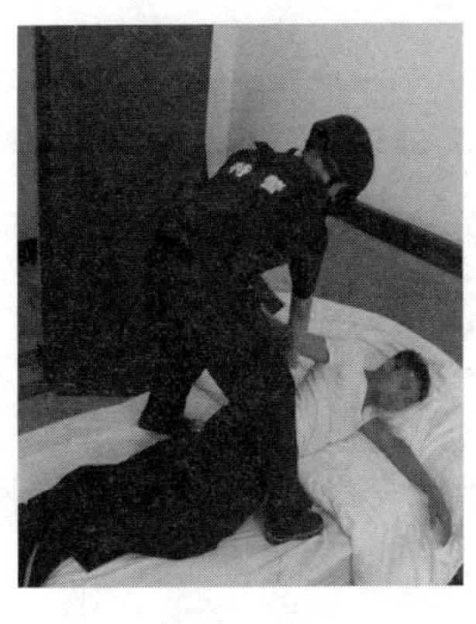

图7-5-15

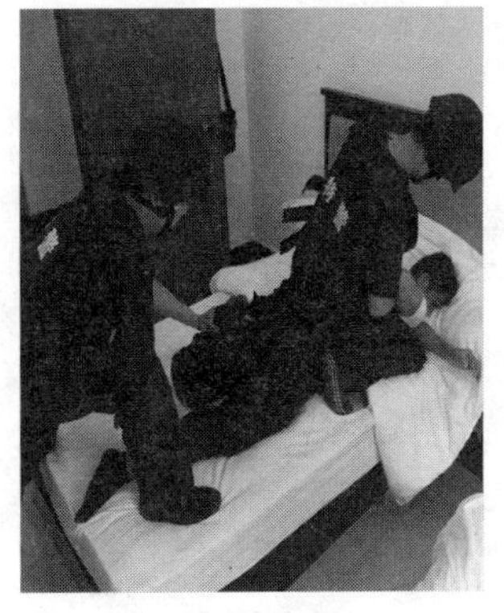

图7-5-16

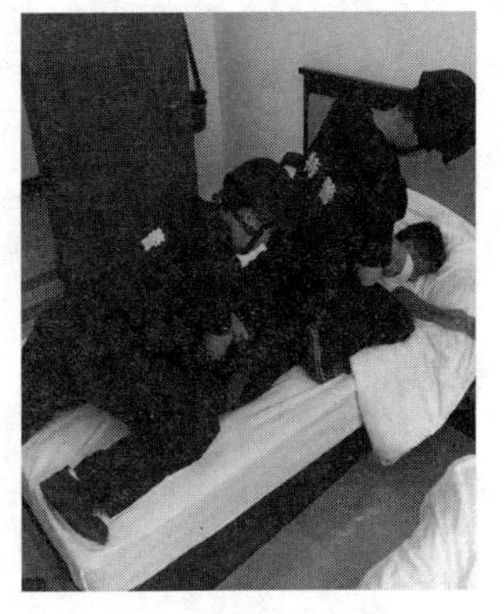

图7-5-17

六、下蹲抓肩勾绊摔骑坐控制

情况显示：犯罪嫌疑人呈下蹲姿势，手上没有抓握凶器或武器。

实战背景：犯罪嫌疑人实施了暴力犯罪，身上可能携带凶器或武器，对方尚未发现我方意图，控制时，有反抗或拒捕可能；极有可能有同伙接应。

实施过程：A民警由其身后伪装接近，进入有效距离后，快速上步，双手抓住其双肩后拉，迫使对方后仰挺膝时，勾绊转体，将对方摔成俯卧，并迅速骑坐其腰部，随即手臂勒脖使其后仰，再快速控制对方双臂；B民警由前或侧快速接近，折膝控制。如图7-5-18，图7-5-19，图7-5-20，图7-5-21，图7-5-22。

实战要求：①警组2~3人协同控制，2人前后夹击控制，1人警戒，并及时表明身份并疏散。

②配合要默契，分工要明确。

③A民警控制时必须稳固、有力，B民警协同策应要快速。

图7-5-18

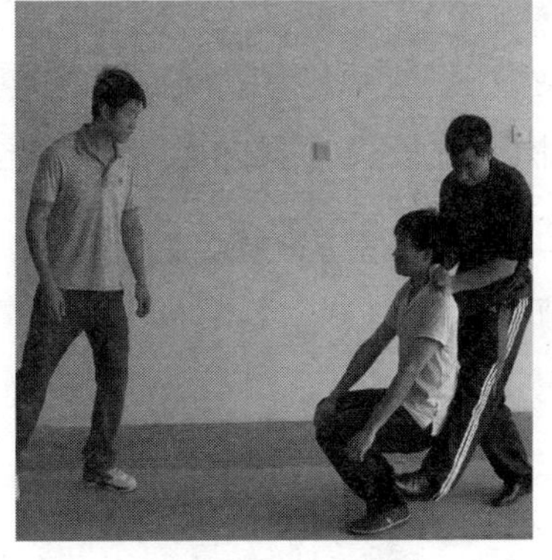

图7-5-19

图7-5-20

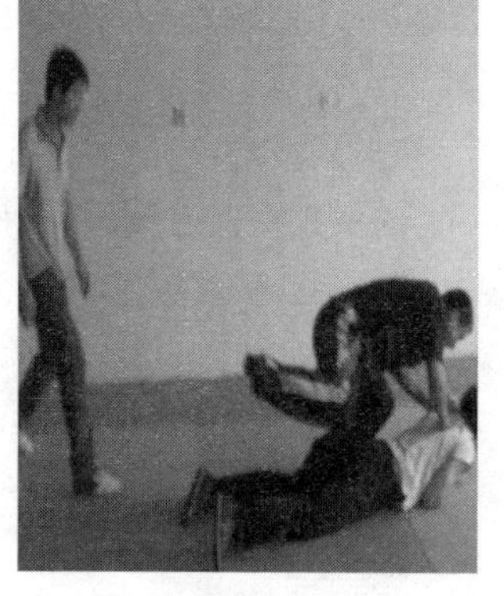

图7-5-21

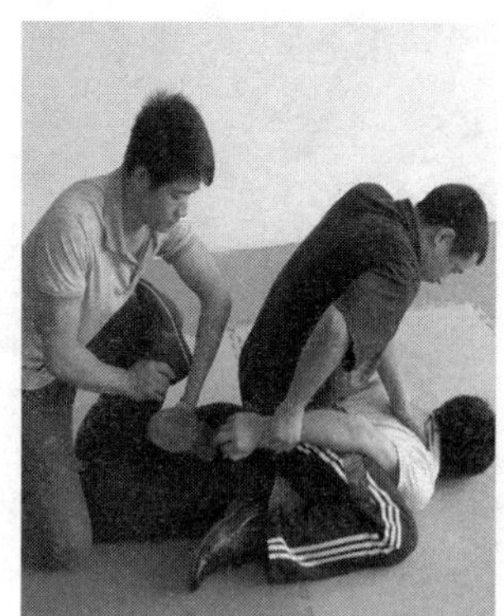

图7-5-22

第六节　制止冲突的防卫与控制实战技术

一、街头纠纷劝解控制

情景显示：行为人在街头发生纠纷。其中违法行为人在民警到达之前，已经有违法行为。民警经劝解、调解未果。根据当事人陈述意见不一致，不采取控制手段，矛盾可能升级，出现更严重的后果。

实战过程：A民警口头传唤，要求当事人到公安机关协助调查的同时，B民警随即贴靠，采用搂肩推臂控制，并语言进行温和交流，A民警即刻转化为警戒状态（态度温和，内紧外松）；当事人比较配合，则控制程度到此为止。如果B民警搂肩推臂控制时，当事人情绪更加激动，出现矛盾升级的苗头，则A民警随即配合B民警，采用抓臂带离控制。如果当事人转为强烈对抗状态，需要武力升级时，则B民警迅速采用锁喉摔控制， A民警警戒或折膝协同，再进一步使用约束性警械控制，转化为强制传唤。如图7-6-1，图7-6-2，图7-6-3。

实战要求：①A、B民警配合要默契，分工要明确。

②A、B民警要正确判断案件发展状态，控制要合情、合理、合法并有效。

③案件发展的不同阶段，对违法行为人或犯罪嫌疑人的控制要有因果关系，必须环环相扣。

图7-6-1

图7-6-2

图7-6-3

二、街头吵架斗殴控制

情景显示1：当事人双方相互推搡或纠缠在一起。

实战过程：A民警边劝解，边迅速站在当事人双方的侧面，双手伸出，两掌根紧贴双方肩（胸）部，当一方发力时，A民警随即用相应手推击对方肩部，迫使对方不能正常发力。B民警在一侧观察、警戒。如图7-6-4，图7-6-5。

实战要求：①A、B民警配合要默契，分工要明确。

②A、B民警要正确判断现场发展状态，控制要合情、合理、合法并有效。

③A民警绝对不能站在当事人双方的中间，避免被袭。

图7-6-4

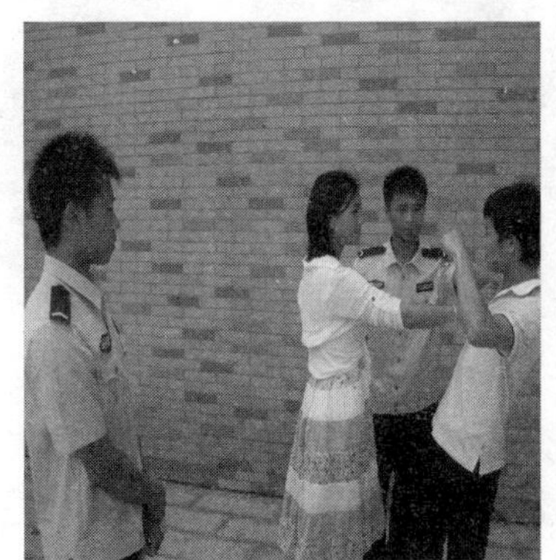

图7-6-5

情景显示2：当事人单方面主动撕扯对方衣物。

实战过程：A民警边劝解，边迅速站在主动撕扯方强手侧面，根据情况，A民警使用撕指解脱或折腕控制。B民警在一侧观察、警戒并及时协同。如图7-6-6，图7-6-7，图7-6-8。

实战要求：①A、B民警配合要默契，分工要明确。

②A、B民警要正确判断现场发展状态，控制要合情、合理、

合法并有效。

图7-6-6

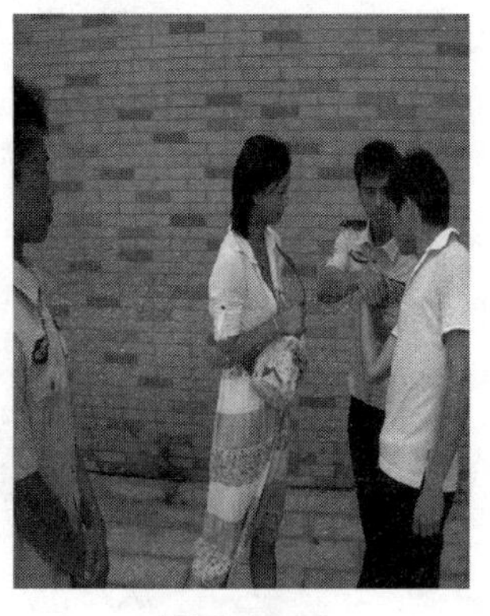
图7-6-7

图7-6-8

情景显示3：违法行为人在在撕扯过程中，突然举手握拳欲袭击弱者时。

实战过程：A民警边劝解，边迅速站在主动撕扯方强手侧面，当违法行为人举手握拳欲袭击时，A民警迅速使用别臂搂颈控制。B民警快速协同控制。如图7-6-9，图7-6-10，图7-6-11。

实战要求：①A、B民警配合要默契，分工要明确。

②A、B民警要正确判断现场发展状态，控制要合情、合理、合法并有效。

图7-6-9

图7-6-10

图7-6-11

情景显示4：违法行为人使用腿法袭击弱者时。

实战过程：A民警在当事人双方侧面进行劝解时，B民警通过观察，及时站在相对强者的身后，单手拍或按住其强侧肩膀，当违法行为人突然起腿进攻对方，B民警迅速抓住违法行为人的肩膀后拉，破坏其重心，迫使其维持重心的本能不能完成腿法进攻。如图7-6-12，图7-6-13。

实战要求：①A、B民警配合要默契，分工要明确。

②B民警要正确判断案件发展状态，控制要合情、合理、合法并有效。

③违法行为人使用了腿法袭击，B民警破坏成功后，A、B民警

随即协同进入下一环节的控制。

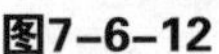
图7-6-12

图7-6-13

三、手法暴力抗法控制

情景显示1：违法行为人使用直线型拳法或掌推袭击民警。

实战过程：被袭A民警迅速闪步的同时，前手捋抓对方肘部，后手抓握对方手腕，随即撤步，抓腕压臂控制。B民警在其身后迅速协同折膝控制或警戒。如图7-6-14，图7-6-15，图7-6-16，图7-6-17。

实战要求：①A、B民警配合要默契，分工要明确。

②A、B民警要正确判断案件发展状态，控制要合情、合理、合法并有效。

图7-6-14

图7-6-15

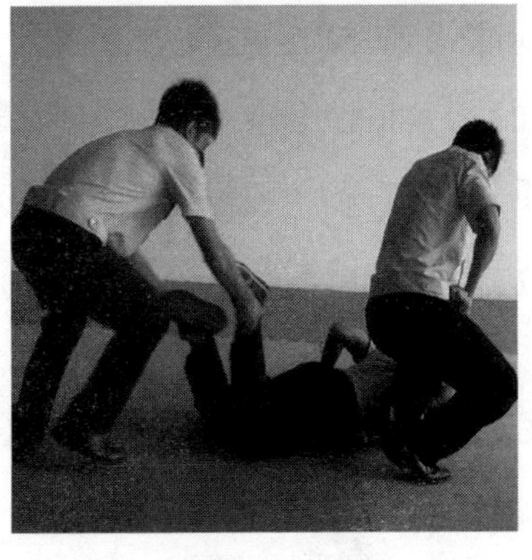
图7-6-16

图7-6-17

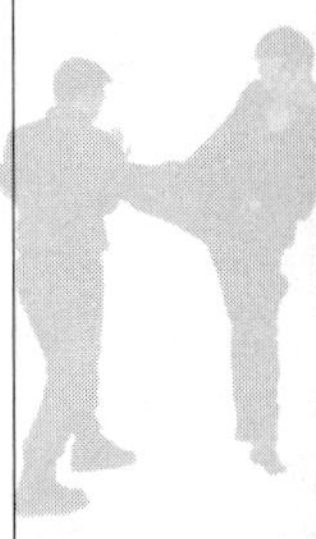

情景显示2：违法行为人使用掼拳或掌掴袭击民警。

实战过程：被袭A民警迅速抬臂格挡，随即抡臂别其进攻手臂。B民警在其身后迅速协同控制另一手臂。如图7–6–18，图7–6–19，图7–6–20，图7–6–21。

实战要求：①A、B民警配合要默契，分工要明确。

②A、B民警要正确判断案件发展状态，控制要合情、合理、合法并有效。

③B民警跟进要及时。

图7–6–18

图7–6–19

图7–6–20

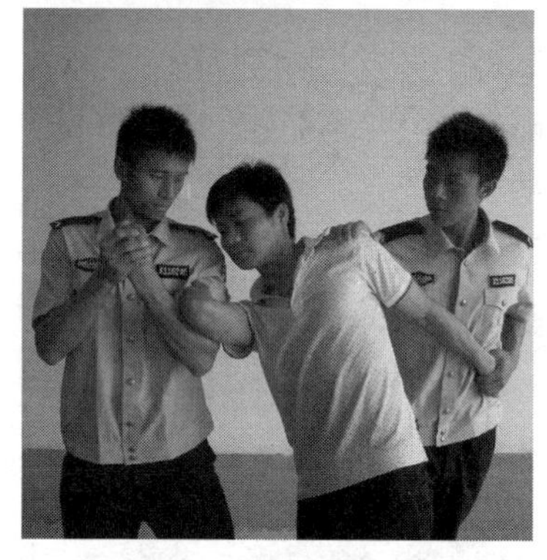

图7–6–21

四、腿法暴力抗法控制

情景显示1：违法行为人使用直线型腿法或正弹踢袭击民警。

实战过程：被袭A民警迅速闪步的同时，前手挂靠并及时控制袭击腿，使用别腿摔，进一步折膝控制。B民警迅速跟进跪肩夹头控制或警戒。如图7–6–22，图7–6–23，图7–6–24，图7–6–25，图7–6–26。

实战要求：①A、B民警配合要默契，分工要明确。

②A、B民警要正确判断案件发展状态，控制要合情、合理、合法并有效。

③B民警跟进要及时。

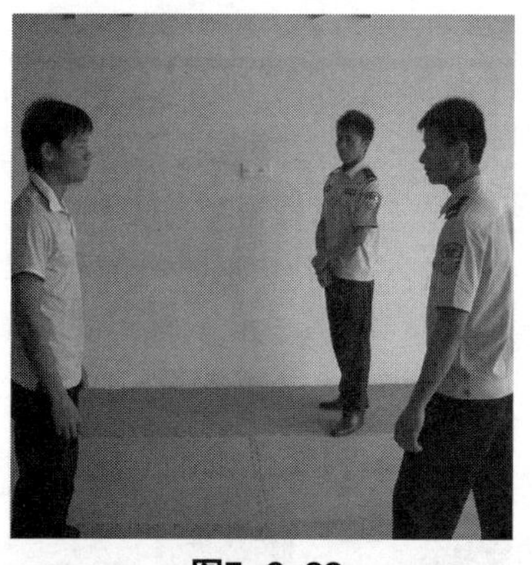

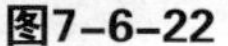

图7-6-22

图7-6-23

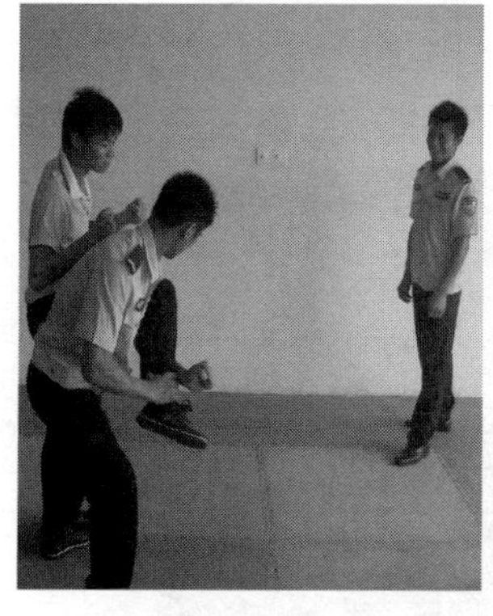

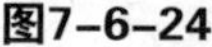

图7-6-24

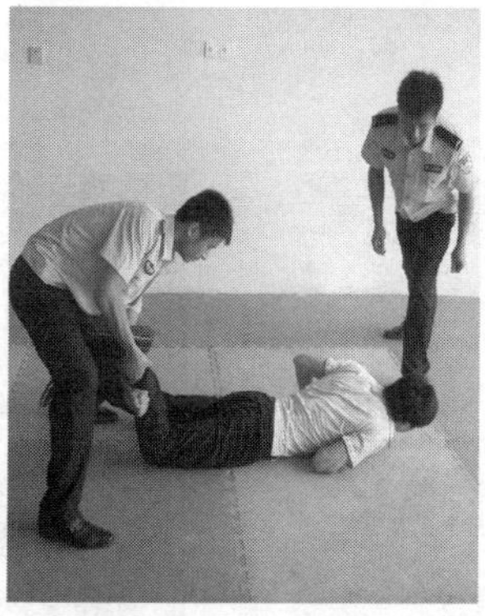

图7-6-25

图7-6-26

情景显示2：违法行为人使用侧弹踢袭击民警。

实战过程：被袭A民警迅速外抄接腿控制袭击腿，使用别腿摔，进一步折膝控制。B民警迅速跟进跪肩夹头控制或警戒。如图7-6-27，图7-6-28，图7-6-29，图7-6-30，图7-6-31，图7-6-32。

实战要求：①A、B民警配合要默契，分工要明确。

②A、B民警要正确判断案件发展状态，控制要合情、合理、合法并有效。

③B民警跟进要及时。

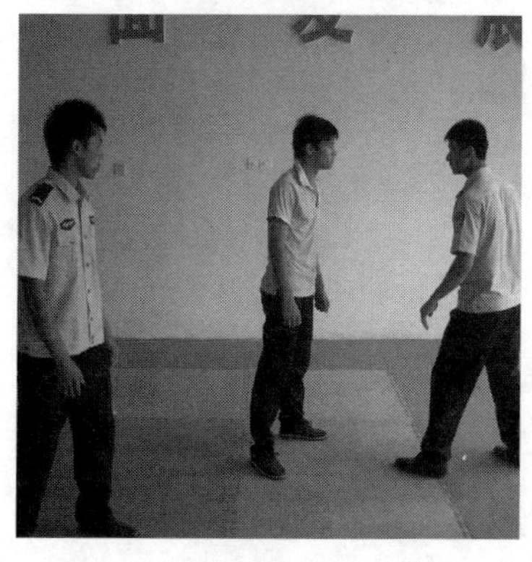

图7-6-27

图7-6-28

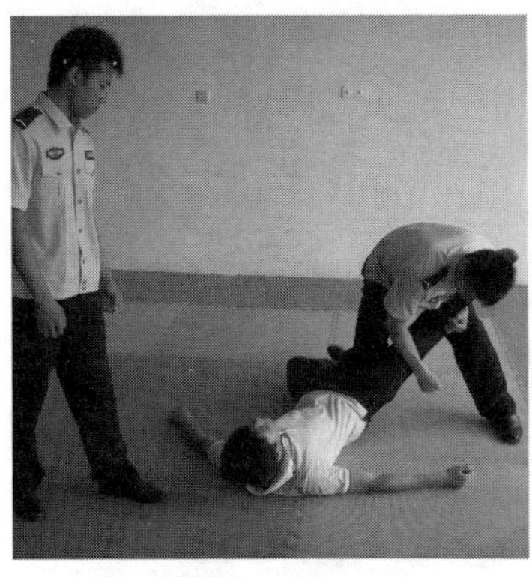

图7-6-29

图7-6-30

图7-6-31

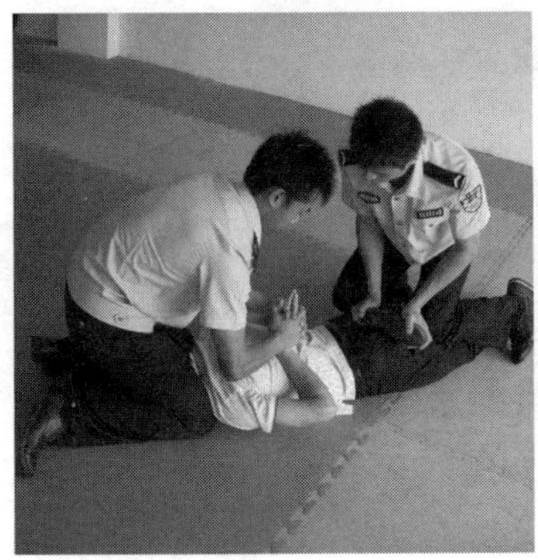

图7-6-32

第八章
徒手防卫与控制实战综合应用

【学习目标】

1．熟练掌握处置治安案件及刑事案件中防卫与控制实战应用技能，提高处置突发事件的能力。

2．了解风沙、雨雪等恶劣气候条件下防卫与控制实战应用技能，培养在这些条件下处置突发事件的能力。

3．熟练掌握夜间、交通工具上等复杂环境下防卫与控制犯人或犯罪嫌疑人的技能，培养在这些条件下处置突发事件的能力。

第一节　处置治安案件中的防卫与控制实战应用

警察处置治安案件时，使用徒手防卫与控制技能的手段多种多样，采取的措施也因对象、环境和案情的不同而不同。实战中，警察必须根据特定条件，区别对待，务必做到合情、合理又合法地进行防卫与控制，必要时，还应将防卫控制紧随案情发展而发展，逐步对应提高武力对抗的等级，做到环环相扣，控制有效，确保安全。

一、针对违法行为人或犯罪嫌疑人亲属干扰执法时的防卫与控制实战应用

警察在执法过程中，难免会与违法行为人或犯罪嫌疑人亲属接触，遇到违法行为人或犯罪嫌疑人亲属无理取闹、胡搅蛮缠，甚至肢体冲突干扰执法，或暴力抗法时，应视其情节，进行合理、合法的防卫和控制。

①当违法行为人或犯罪嫌疑人亲属无理取闹、胡搅蛮缠，情绪激动时，警察应通过语言交流，温和劝解、宣传政策、适当语言警告来化解矛盾；同时，警察要通过身体姿势的警戒、步法的移动、手势的制止来控制距离，作好随时

撤离现场的准备。

②当违法行为人或犯罪嫌疑人亲属针对警察已有肢体接触，抓握肢体或撕扯衣物时，警察应在发出警告的同时，及时的进行合理解脱并控制距离。防卫施技时，应当考虑对象的身体状况，准确评估现场局面，避免激化矛盾，进而引发群体性事件。

③当违法行为人或犯罪嫌疑人亲属和围观群众情绪失控，暴力抗法袭击警察时，警察应当快速准确评估事态，判断警力优劣。警力优势时，迅速抓控袭警者，及时进行惩戒教育，控制事态发展；警力不足时，快速安全撤出，及时请求支援或择时抓控，惩治违法人员。

二、警察实施盘查或执行保卫任务时的防卫与控制实战应用

警察进行盘查或保卫工作时，在“合理怀疑”、“有违法犯罪嫌疑”的前提下，对违法行为人或犯罪嫌疑人进行有效控制有一个过程，必须要有一整套的手段和措施。例如盘查中，发现嫌疑人相关疑点或问题，往往采用口头传唤，并伴随较温和的肢体控制，要求其到公安机关协助调查。嫌疑人的表现将有三种：配合、伺机逃脱、武力对抗。警察采用温和控制时，就要有防止对方伺机逃脱和武力对抗的技术准备，即警察合法武力升级时，进行强制传唤所使用的控制技术是温和肢体控制技术的延伸，两者互相因果，连环相扣，控制必须丝丝入扣，务必安全有效。再如，在大型文娱活动的保卫工作中，警察针对情绪失控，寻衅滋事，或扰乱公共场所秩序的违法人员，往往先采用带离技术，以避免个体情绪带动周边，进而引起场面失控和群体性事件。在进行肢体控制带离时，违法行为人可能武力升级对抗，还有可能发展成为刑事案件。因此，警察在与其肢体接触时，就要有一系列的控制技术预案。虽然警察的控制滞后于对方的行为，但这一系列强制手段必须起源于初始控制技术，延伸在武力升级的每一个阶段，做到及时、有效、安全地控制。

总之，治安案件种类繁多，警察在处置过程当中使用徒手防卫与控制技术，存在许多潜在危险，它不像多数刑事案件一样，目的性明确，可以等待时机施技。它要求警察在使用技能时灵活多变，机智应对，方法得当，程序合法。

第二节 处置刑事案件中的防卫与控制实战应用

刑事案件中警察防卫与控制的技能使用主要体现在诱捕、突袭和强攻等抓捕战术中。警察抓捕行动的形式是多种多样的，对于不同性质、不同地点环境、不同人数等情况下的抓捕对象，以及是否持有武器、凶器，是否携爆炸品，所采用的战术方法也不尽相同。但是，抓捕行动又都带有一定的普遍规律，在有准备的主动抓捕犯罪嫌疑人时，警察必须坚持抓捕中使用徒手防卫与控制技能的战术原则，针对几种类型的抓捕战斗的特点，制定行动方案和相关措施。

一、抓捕中使用徒手防卫与控制技能的战术原则

（一）以控制双手为原则

手是犯罪嫌疑人反抗抓捕，或继续犯罪可以凭借的载体。警察使用徒手防卫与控制技能控制犯罪嫌疑人，其中之一就要控制好犯罪嫌疑人的双手，首要控制好习惯手（强手）。犯罪嫌疑人受袭击的第一反应时间里，就是想使用械具或枪支对抗。控制其双手，就是将犯罪嫌疑人的反抗暴力程度降至最低，避免伤亡，确保安全。

根据人体运动肢体的自由度和约束度，我们可以知道：

（1）控制肩关节，就固定了手臂的自由度。

（2）控制肘关节，手臂就不能屈和伸。

（3）折腕关节，手指就不能正常弯曲发力，不能正常抓握。

（二）以不易使其反抗和逃窜为原则

犯罪嫌疑人遭到袭击，必然会产生反抗，进而逃窜。实施徒手防卫与控制时，就要将其反抗或逃窜的可能性降为最低。根据生物力学原理分析，身体进攻或反抗的最大力来自脚蹬地的力量；同样，实施逃窜，也要用两腿蹬地。使用徒手防卫与控制技能控制犯罪嫌疑人，就要迫使其膝关节以上部位对地形成支撑，即破坏其重心，使其倒地。迫使犯罪嫌疑人倒地后，其双脚就蹬不了地，或蹬地有分力，将犯罪嫌疑人在第一反应时间里反抗和逃窜的可能性降至最低。同时，人体因外力失去重心时，本能反应就是用手去寻找支撑，就会有扶、按、撑的动作，根本无暇做出进攻动作。因此，利用摔拿结合破坏其重心进行抓捕，安全系数大，成功率比较高。

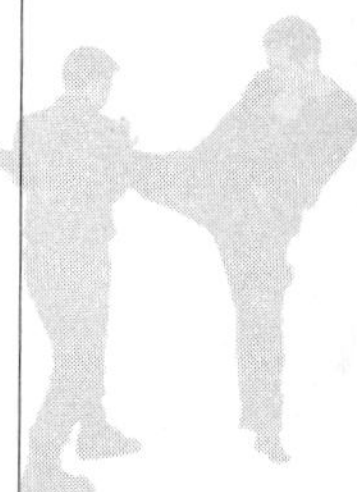

（三）以瞬间使其丧失战斗力为原则

抓捕犯罪嫌疑人危险性比较大，其反抗的意识比较强，动作也比较粗暴。因此，在实施防控过程中将充分体现暴力性，要充分使用打拿结合技术，以猛打来丧失其战斗力，为巧拿赢得时间和创造机会。

（四）因势施技原则

人体结构的复杂性，导致了徒手防卫与控制技术的多样化；人体行为的可变性，导致了徒手防卫与控制施技的随机性。抓捕犯罪嫌疑人的过程中，应根据抓捕对象的行为特点、身体姿势、环境条件等因素，运用合理的技术进行控制。避免使用机械单一技术，要因势施技。在抓捕队员的选择上，要优先考虑作战经验丰富，擒敌技术过硬的同志，确保万无一失。

二、几种类型抓捕战斗的行动方案和相关措施

基层公安机关依法抓捕违法分子或犯罪嫌疑人时，一般由3~5人组成一个战斗小组，根据这一特点，参战警察必须高度协同，把握战机，速战速决。

（一）在城区、街道和闹市区的抓捕

城区、街道和闹市区环境复杂，人员密集、人流量大，车辆行人来往频繁，有利于抓捕人员隐蔽地接近抓捕对象，实施突然袭击。在这种特定环境下实施抓捕行动，就要力避双方动用枪支，把握突袭的时机，自然贴靠，合理运用擒控技能，速战速决。警察在进入有效控制距离前，必须伪装接近。伪装接近必须逼真和隐蔽，否则，动作过大，犯罪嫌疑人可以通过无关人员惊异的表情行为，察觉情况有异，从而过早惊动抓捕对象。一旦行动不慎或稍有拖延，极易导致人群围观或使抓捕对象利用人群逃匿。在城区、街道和闹市区所进行的抓捕行动，通常宜采用夹击抓捕和引诱抓捕的战术方法。无论是夹击抓捕还是引诱抓捕，最终都是要通过突然袭击来实施控制，突然袭击要求必须在短时间内能够发动有效的近身攻击，快速控制缉捕对象，消除其反抗力，能否快速近身接敌，是突袭行动成功与否的重要条件。不管突然袭击是采用哪一种接近方式，都要求每一位参战警察做到。

1.伪装逼真，行为节奏符合当时环境的要求

每一位参战警察都要伪装逼真，适当地运用一些道具，使伪装的身份与当时的环境相吻合；行为节奏要与当时环境的生活状态、节奏相符，尽量减少与当时环境不协调的因素，以免过早“惊醒”抓捕对象。因为犯罪嫌疑人已是“惊弓之鸟”，非常敏感，容易觉察出周围环境不协调的节奏。

2.避免与抓捕对象目光对视

伪装接近犯罪嫌疑人，应当用眼睛余光进行观察，避免与抓捕对象目光对视。万一目光与其相碰，切忌惊慌失措，目光就势划过，牢记你仅仅是一个“过客”，心理平缓，不必有过多的掩饰。处于抓捕对象身后的队员不应过多地注视，以免引起周围群众的注意，进而“打草惊蛇”。

3.伪装接近要避免动作幅度过大

警察伪装接近时的距离是整个徒手抓捕行动中的无效距离，只有贴靠后合理施技，才可瞬间有效地控制犯罪嫌疑人的肢体。因此，从较远距离的接近转化为较近距离的贴靠，要避免动作幅度过大，过早“惊醒”抓捕对象。值得注意的是：处于抓捕对象身后的警察，往往认为身处抓捕对象视觉盲区，在较远距离就产生大动作，这必将引起周围群众目光关注，从而使抓捕对象警觉。

（二）在荒郊野外的抓捕

荒郊野外包括田野、山区、丘陵、河川、丛林等地域，它的特点是人烟稀少、视野开阔、道路复杂。在荒郊野外的环境中，目标突出，应利用有利的客观条件为抓捕行动服务。一般采用蹲守抓捕和伪装跟踪抓捕。

1.蹲守抓捕要在抓捕对象所处的地点或其有可能进入的区域内布置警力，设下埋伏，伺机捕获

如利用现场的山石、草木、沟坎、建筑等自然条件，以及夜幕、风雪等天候条件，隐蔽警力；或者根据当地的风俗习惯和特点，化装成路人、商贩，也可故意制造事端或伪装交通事故，在路口、要道布置包围圈。

2.伪装跟踪抓捕要伪装得逼真，做到若无其事地跟踪接近

抓捕人员的衣着打扮、举止言行应符合所伪装的特定身份，在开始实施行动前，不能让抓捕对象有所察觉。如使用车辆跟踪接近，可借用地方车辆，用打听事由或借口问路接近。

（三）在室内的抓捕

室内抓捕可以用先期进入房屋守候抓捕，也可用诈入或强入等方法实施抓捕。由于室内面积、空间相对狭小，加上室内情况未明和复杂，抓捕人员最好是利用伪装的身份诱其将门打开或蹲守抓捕，如实际需要强入的，抓捕人员应尽量了解室内的结构和布局，一般应由两个人同时协同抓捕，事先分工明确，两个人同时用“迅雷不及掩耳”的动作协同，可以震慑抓捕对象并在瞬间分散其注意力，重点控制其双手，不让抓捕对象触及房间内的任何东西，因为房间内随手可拿的任何物品都可能成为犯罪分子的反抗工具。

三、实施徒手抓捕控制须注意的事项

1.收集和分析情报，对抓捕目标和现场环境进行仔细了解、观察

如抓捕目标的受教育程度、特长、经历、习惯、嗜好、典型行为特征等；

现场环境的结构与布局、各种情况的变化等。

2.统一部署，组织制定行动方案

如采用的战术、控制的方法、运行的路线、战斗的时机和危险点等。

3.明确行动人员、任务及分工

如参战人员人数、各自的任务分工、动作协同的节奏与先后顺序、协同控制动作的演练等。

4.确定应变措施

如准备几个预案、如何替补、如何转换。

第三节　恶劣气候条件下的防卫与控制实战应用

恶劣气候较大影响警察的执法行动，制约警察的防卫与控制技能的发挥，同时，恶劣气候也对违法行为人或犯罪嫌疑人的行为产生较大的影响。警察在恶劣气候条件下施用徒手防卫与控制技能，要根据气候的特点，考虑因气候产生的不利因素，扬长避短，积极研究判断被控对象因气候影响产生的诸多不利因素，抓住其弱点，及时进行有效执法行动。

一、风沙天气的防卫与控制

风沙天气主要对人体的呼吸和视觉功能造成影响，在这样的气候环境下进行防卫与控制，不宜长距离追袭，应尽量占据有利地形采用以逸待劳战术。由于风沙的影响，对手可能出现低头躲避或暂时憋气的情形，警察应抓住合适时机，趁对手不注意或暂时缺氧，以快打慢，连续进攻，不让对手有喘息的机会。主动控制时，警组应背向风沙方向形成夹击或包围圈，抓住有利条件，逼真伪装，合理贴靠，打他个措手不及。

二、雨雪天气的防卫与控制

警察在雨雪天气中执法，由于天寒地冻，服装臃肿，加上雨雪弥漫，视觉不清，造成行动特别困难。警察使用防卫技能时，要注意保持重心，谨慎使用大幅度动作，避免摔倒，同时要防备对方利用雨水、雪团、冰块迷惑，干扰视线。进攻动作一般采用短打和摔技，利用地面湿滑，破坏对方重心，迫使对方本能地维持平衡，无暇产生进攻动作，或少有进攻动作。警察使用控制技能时，则要注意避免施用小关节控制技术，尽可能利用对方衣物，进行大关节控制，防止控制不牢固或滑脱，造成被动局面。突袭控制时，由于天气因素，较难进行闪展腾挪，所以发起进攻的有效距离要比正常情况时近一些，警察要尽可能伪装贴近一些，充分估计客观因素的影响。

三、严寒气候条件的防卫与控制

寒冷气候下，人体的运动兴奋性降低，关节活动范围变小，肌肉僵硬。警察在这种情况下防卫时，应减少主动进攻技术，多用防守反击。因御寒需要，对手必定衣着臃肿，警察要利用对方动作僵硬缓慢，以静制动，击打其要害，快速制敌。进行主动控制时，警察要利用其衣物，摔拿结合，大关节控制。值得注意的是，警察如需长时间蹲守，则要适时活动身体关节，避免因寒冷造成行动不便或受制，甚至拉伤筋骨。

四、酷暑气候条件的防卫与控制

警察在酷暑气候条件下执法，既要考虑环境因素，又要考虑身体因素。如在荒郊野外，则要考虑虫蛇叮咬的干扰。由于衣着单薄，受攻击的不确定因素多，进行对抗防守时，要避免持久战，以免出现被动情况。主动控制时，尽量使用锁喉、别臂技术，结合摔拿进行大关节控制，避免抓腕或撅指时，因人体排汗造成脱手失控，形成被动局面。

第四节　复杂环境的防卫与控制实战应用

警察在复杂环境下进行防卫与控制，要千方百计利用环境条件，克服不利因素，把握瞬息机会，善于利用环境条件发挥我方特长，规避因环境产生的种种限制，快速迅猛施技，立竿见影有效控制。

一、夜间的防卫与控制

夜间施用防卫与控制技能，既可以隐蔽我方行动意图和进攻动作，又便于我方秘密接近，同时，也存在观察不便，视野模糊，判断不清，对方极易隐蔽等特点。

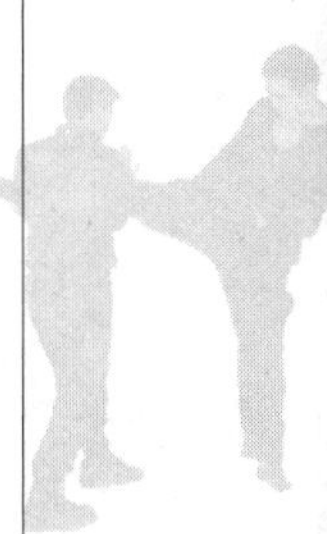

（一）利用和适应环境

①警察借助黑暗可以很好的隐蔽自己，利用自然光线观察控制对象，寻找合适时机出击；也可以通过从某个角度光线而产生的身影作出正确的判断；由于夜间比较安静，声音传播远，被控对象可能因光线和环境不熟悉等原因，一脚高一脚低，发出很大声音，有利于警察提前准备，正确抉择技能施用的时机和方法。一般来说，光线越暗，危险也越多。警察在施技前移动时不宜快步奔

跑，抬腿要高，以免被绊倒；施技时，重心宜低不宜高，如有拳脚对抗，建议多以膝、肘和拳，避免用动作幅度大的腿法。

②警察在白天瞬间进入光线阴暗的地方，如酒吧、KTV包厢或地下室，会出现暂时失明，不利于及时观察内部环境和人员情况，这就需要及时地打开灯光，同时建议在进入黑暗环境前，先闭上一只眼，适应后再进入黑暗环境，及时睁开闭上的眼睛，可以缩短视力调整的时间。

（二）使用把握性大、成功率高的防卫与控制技能

由于在黑暗环境危机四伏，存在观察不便，视野模糊，判断不清等情况，警察在施技时就要速战速决，不能恋战。

①警察遇袭或主动防卫时，往往降低重心，保持身体平衡，避免摔倒被动受制。进攻时，一般采用膝法、肘法和拳法制敌，不建议使用高腿法。

②警察主动控制时，往往锁拿大关节，尽量使用把握性大、成功率高的控制技法。一般使用摔技，迫使对方倒地，不易逃窜，避免黑暗中追逐缉拿，出现意外。

二、交通工具上的防卫与控制

交通工具上空间较小，人员拥挤，通道狭窄，行动不便，不利于警察施展防卫与控制技能。

（一）火车或轮船上的防卫与控制

警察在交通工具中的火车或轮船进行防卫与控制，必须保持身体平衡，尽量利用固定物体来控制身体重心。利用较小的空间，出其不意、攻其不备。警察在火车的车厢两头或狭窄通道上，借故搭讪，伪装贴靠，快速制敌；警察在轮船的甲板或狭窄楼梯、通道上，把握战机，一招制敌。

（二）汽车或地铁上的防卫与控制

交通工具中的汽车或地铁，空间更小，人员拥挤，行动十分不便，由于行驶颠簸，起步和刹车惯性大等因素，极大限制了敌我双方的行为动作。警察应充分利用扶杆、座位等固定物体保持身体平衡。一般采用控制肩、肘、腕关节的技术，必要时，可用膝、肘打击后再控。

三、酒吧、歌厅和影剧院的防卫与控制

警察在酒吧、歌厅和影剧院施用防卫与控制，往往是处置斗殴或控制醉酒闹事者。对抗对象一般会利用光线暗和先于警察熟悉环境等条件，而占有先机，警察在控制施技前，要有预案，明确分工。由于这类地方人员复杂，刀叉、酒瓶随手可拿，警察在施用徒手防卫与控制之前，要有充分估计，尽量伪装接近，发起突袭，避免纠缠，速战速决。行动前要想好快速撤出的路线，便

于在突变情况下，安全撤出和后一梯队的武力升级行动。

四、野外沼泽等复杂地形的防卫与控制

长江流域以南地区，多有沮洳地带和水田纵横，警察在滩涂、沼泽地施用防卫与控制，常常因泥质松软或腿、膝深陷泥水而行动不便。对抗时往往扭抱在一起，由于手上湿滑不利于抓控，应尽量采用打拿结合技法，充分发挥膝、肘威力，迫使对方丧失战斗力后，进行大关节控制。警察在对抗时应避免对方利用泥水、沙石破坏视线或暂时致盲，要充分利用环境条件，先发制人，克敌制胜。

五、水中的防卫与控制

在水中进行防卫与控制，往往因浮力作用重心不稳，因下肢支撑无根，不宜发力产生拳打脚踢等击打动作，加上水的阻力，力量减弱。对抗时，警察应采用抓、拧、锁等擒拿技术，使用掌插双眼、掏裆、锁喉等技法迫使对方丧失战斗力，利用对方头发、衣物有效控制大关节。在水面上，可以采用击水使对方视线模糊，揪发让对方呛水等方法抢占先机，把握对方水中换气节奏，及时采用拉、拽、压等方法，阻止对方正常换气，造成缺氧，从而丧失战斗力，束手就擒。

第九章
徒手防卫与控制技能的训练和考核

【学习目标】

1．掌握初任民警（初学者）的训练要求与训练方法。

2．掌握单警和多警协同的训练要求与训练方法。

3．了解徒手防卫与控制技能考核的形式和成绩评定的方法。

第一节　徒手防卫与控制技能的训练

一、初任民警（初学者）的训练

1.认真学习和了解技术规范

我国警察徒手防卫与控制是在中华武术的基础上发展起来的，融合了“踢、打、摔、拿”等技法。初任民警（初学者）的训练重点是学习了解并掌握单个技术，或学习掌握一对一的控制技术。这是警组协同控制技术的基础条件，也是进行协同控制训练的前提。初学者必须了解掌握单个技术动作规范，并达到熟练操作的程度，才可以进入下一阶段的训练。初学者务必掌握单个动作的要领和关键，否则，“差之毫厘失之千里”，训练就不能达到正确和有效，为今后的执法实战埋下安全隐患。

2.努力提高专项身体素质

专项身体素质是学习掌握和运用专项技能的基础，专项身体素质训练包括力量、速度、耐力、柔韧、灵敏、协调等方面的训练。初学者要在教练的指导下，有计划，分步骤，循序渐进地进行刻苦训练。

3.训练建议：

（1）制订训练计划，严格实施训练进度。

（2）规范训练内容，把握技术关键，刻苦训练形成动力定型。

（3）结合技能的实际应用需要，突出重点进行训练。

（4）克服不利心理因素，提倡互帮互学，实现共同提高进步。

4.训练方法运用：

（1）先分解后完整训练法。教官针对单个技术动作的特点，阐明动作关键点，实际运用的要领，将一个完整动作技术分解成互为因果的、连续的几个部分，训练者按照分解的几个部分的动作，逐个进行练习，然后连贯动作完整练习，以此达到弄懂弄通，正确规范掌握动作的目的。例如：①在拉肘别臂控制技术动作的教学训练中，将整个动作过程分成4个部分进行训练：在有效距离内迅速接近→落脚位置、一手抓拿和一手穿掌的部位确认→撤步拉肘发力→别臂折腕控制，待了解动作过程后，再进行连贯动作训练。②在右腕被对方双手抓握解脱技术动作的教学训练中，将整个动作过程分成3个部分进行训练：左手搂抓对方右腕→左手回拉右手直臂下伸同时发力→左转腰同时屈右肘回拉，待了解动作过程后，再进行连贯动作训练。

（2）重复多次强化训练法。在先分解后完整训练法的基础上，确认基本掌握动作要领的情况下，进行重复多次强化训练，使训练者熟练巩固，形成技术动作动力定型，建立产生技术动作条件反射机制。

二、单警的训练

1.常言道，曲不离口、拳不离手

警察要在了解、掌握有关技术的基础上，经常性的反复体会，熟练相关技能，做到“拳打千遍，身法自然”。形成技术上的动力定型，建立技能动作条件反射。这样，民警在应对实战的需要时，就具备了战胜对手的先决条件。

2.拳谚有云：“不怕千招会，就怕一招熟。”

警察要根据自己的身体特点和动作习惯，有针对性的强化相关技能，做到扬长避短；民警还要根据以往战例和任务需要，设定情景对抗训练，做到有备无患。通过情景对抗演练，进一步熟练掌握技能，锻炼临场实战反应速度，提高分析解决实际问题的能力，养成合法、合理、有效的执法习惯。

3.训练组织形式

个人自觉训练、结对互助训练、警队或警组统一强化训练等。不管是哪一种训练组织形式，都应作出训练计划和小结。根据工作特点和作息节奏，有计划、分阶段地制订出训练周计划、月计划、季计划和年计划；每一阶段做出小结便于训练有序推进。

4.训练方法运用：

（1）重复多次强化训练法。在先分解后完整训练法的基础上，确认基本掌握动作要领的情况下，进行重复多次强化训练，使训练者熟练巩固，形成技术动作动力定型，建立产生技术动作条件反射机制。

（2）模拟实战情景对抗训练法。根据战例和任务等特点，设定实战情景，进行对抗训练，锻炼临场实战反应速度，培养临战时灵活运用技能的实际操作能力。例如：实际训练中，设定以下情景，要求参训者实操运用技能后，阐述所运用的控制战术理念并说明关键点。

情景一：违法行为人亲属干扰执法时，抓腕解脱运用。

实战条件：违法行为人亲属是孕妇，周围有围观群众和其他亲属。

实战要求：善于沟通，态度温和，解脱合理、合情、合法，处置果断，不能激化矛盾。

情景二：在大型文娱活动保卫工作中，带离情绪激动、且有过激行为者。

实战条件：行为人的过激行为将影响正常秩序，并有可能带动周围人员产生过激行为或违法行为，被温和带离时，出现不配合，甚至产生袭警动作，需要控制武力升级时的处置。

实战要求：配合执法时，温和处置；需要控制武力升级时，果断处置，做到武力对等，且控制得力，每一阶段的控制环环相扣，不给对方袭击得手或逃脱。

情景三：迎面主动控制行进间的犯罪嫌疑人的技战术处置。

实战条件：犯罪嫌疑人实施了暴力犯罪，未发现其身上携带凶器，对方尚未发现我方意图，控制时，有反抗或拒捕可能。

实战要求：伪装贴靠，进入有效距离后，快速行动，使用切别摔控制。

三、多警协同的训练

1.经常性的组织模拟实战训练

基层警队或警组要根据工作性质、特点和以往积累的战例，组织模拟实战训练。基层警队或警组要对参训民警进行合理组合，提出实施协同技术动作的具体要求，多次磨合，反复演练。及时组织民警进行交流和探讨，总结和优化协同配合，达到训练、实战时高度默契的目的。

2.惯例性地组织战后研判

基层警队或警组的徒手控制训练不仅要经常性的模拟实战，还要在每一次实战结束后，要组织讨论研究，研判行动的成与败，总结积累经验。常言道，不积小胜无以成大胜。警队或警组不仅要让参战民警参与研究判断，还要让未参加战斗的同志共同学习，吸取经验教训，共同出谋划策，提出应对措施，实现战训合一。

3.训练方法运用

（1）集体研究判断训练法。①设定实战情景，集体商定多警协同的模拟对抗训练方案及措施。②根据以往积累的战例，集体研判成与败，总结积累经验。研讨如何进行合理组合，并提出改进协同技术动作的具体要求和措施。

（2）模拟实战情景对抗训练法。根据战例和任务等特点，设定实战情景，进行多警协同的对抗训练，锻炼临场实战协同配合反应速度，培养临战时灵活运用技能的实际操作能力。例如：实际训练中，设定以下情景，要求参训者实操运用技能后，阐述各自的分工、任务完成情况，协同的时机，和战斗节奏是否科学合理、合法。

情景一：前后夹击主动控制行进间的犯罪嫌疑人的技战术处置。

实战条件：犯罪嫌疑人实施了暴力犯罪，其身上可能携带凶器，对方尚未发现我方意图，控制时，有反抗或拒捕可能。

实战要求：伪装贴靠，进入有效距离后，快速行动，前后夹击协同控制。

情景二：多警突袭，入室抓捕严暴案件犯罪嫌疑人。

实战条件：3名抓捕手。犯罪嫌疑人实施暴力犯罪后，正在室内床上休息，枕下或床头柜上放有武器，极有可能反抗和拒捕。

实战要求：制订行动计划，明确分工，提出具体措施和要求，整个行动小组成员都应明了战斗程序和预案。

第二节 徒手防卫与控制技能的考核

为了能够保证警察正确使用徒手防卫与控制技能并具备徒手防卫与控制技能，各级公安、司法机关必须为民警提供足够的训练。训练不够会导致民警对徒手防卫与控制技术不熟悉，技能操作不规范，不能熟练运用徒手防卫与控制技能合法、人性、有效地执法。各级公安机关必须保证民警有足够的训练时间，还应有足够的经费保障，更应用激励机制保障民警、警组或警队进行徒手防卫与控制技能的训练，将徒手防卫与控制技能的考核同评优争先结合起来。有条件的厅、局、科所队要采用不同的考核形式、考核内容和考核办法，将民警的徒手防卫与控制技能训练抓起来，这是增强警察战斗力、关心民警、爱护民警的重要举措。

一、考核的形式

考核的形式可以有多种：训练比赛式、比武竞赛式、抽样检查式、定期检测式、汇报表演式等。

1.训练比赛式

训练比赛式一般适用基层科所队，在常规性的训练活动中，适时进行小型比赛，以赛代训，激发训练热情，活跃训练氛围，发现训练问题，树立训练典型。

2.比武竞赛式

比武竞赛式适用于厅局级公安机关，公安机关训练管理部门要善于抓住机遇，适时向上级机关或领导申报组织开展比武竞赛活动。利用竞赛平台，树立典型，评定先进，激励下级机关抓好训练工作。

3.抽样检查式

抽样检查式适用于上级公安机关，训练管理部门通过抽样检查，可以发现问题，作为下一步工作的导向。同时，抽样检查的结果可以挂钩综合考核，作为评优评先的依据；也可以通过发文通报的形式，督促下级机关抓好训练工作。

4.定期检测式

定期检测式可以作为公安机关训练管理部门的常规工作内容，这是一种管理措施。定期检测的范围可大可小，检测的内容可多可少，检测的时间可长可短。作为一种检测机制，将极大地推进训练工作。

5.汇报表演式

汇报表演式是利用大型的组织活动，有目的地把握契机推陈出新，宣传科学先进的训练理念，对今后的训练起到导向作用。

二、考核的内容

考核的内容分理论考核和实训操作考核。

1.理论考核内容有：

（1）单个技术的动作要领。

（2）情景对抗分析。

（3）战例评析。

2.实训操作考核内容有：

（1）徒手防卫与控制的基本功法。

（2）徒手防卫与控制的进攻技术。

（3）徒手防卫与控制的防守技术。

（4）徒手防卫与控制的解脱技术。

（5）单警控制技术。

（6）多警协同控制技术。

三、考核成绩的评定

1.理论考核成绩评定

理论考核方法可以采用填空题、选择题、判断题、简答题、辨析题等形式。在成绩评定过程中，必须采用流水批改，批改前必须提供答案和要点。

2.实训操作考核成绩评定

由于实训操作考核主观性比较强，为避免舞弊，体现公正公平，必须进行集体评分。考核前必须制定评分标准。由于多警协同控制技术考核是针对警组或警队的，有多人参与，考评组成员既要对几个考核对象同时评定成绩，又要对单个动作、协同的时机，以及动作的合理互补进行研判，给出成绩。存在着成绩评定和成绩核算不好操作等问题。现举例来介绍成绩评定办法：要对一个局考评，则在所有参考人员中随机选出两组队员4~6人，分别以2~3人（2组）应对抽取的同一题目。将两个警组最后得分的平均分作为全局所有参考人员多警协同控制技术的得分计算。警队以此类推。附表1、表2：

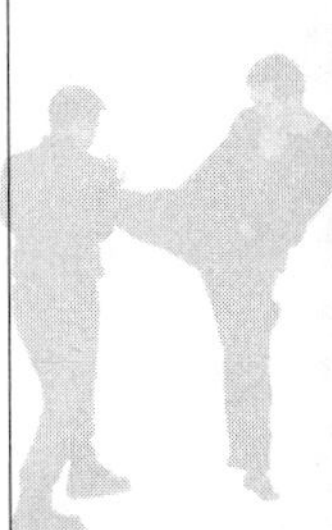

表1：

考核人员姓名（警号）：　　性别：　　年龄：　单位：

	戒备姿势	防守技术	进攻技术	解脱技术	单警控制技术
评分标准	动作正确规范，协调娴熟，实战意识强	动作正确规范，快速有力，实战意识强	动作正确规范，协调、快速有力，力点准确，实战意识强	动作正确规范，协调娴熟，实战意识强	动作正确规范，协调、快速有力，力点准确，控制到位，实战意识强
优秀分值（90~100）					
评分标准	动作正确规范，较协调娴熟，实战意识强	动作正确规范，较协调有力，实战意识强	动作正确规范，较协调娴熟，实战意识强	动作正确规范，较协调娴熟，实战意识强	动作正确规范，较娴熟，力点准确，控制比较到位，实战意识强
良好分值（80~90）					
评分标准	动作比较规范，比较协调，实战意识较强	动作比较规范，比较协调，实战意识较强	动作比较规范，比较协调，实战意识较强	动作比较规范，比较协调，实战意识较强	动作比较规范，比较协调，实战意识较强
中等分值（70~80）					
评分标准	动作要领基本正确，过程较清晰，有实战意识	动作要领基本正确，过程较清晰，有实战意识	动作要领基本正确，过程较清晰，有实战意识	动作要领基本正确，过程较清晰，有实战意识	动作要领基本正确，过程较清晰，有实战意识
及格分值（60~70）					
评分标准	要领不清或不正确，动作交代不清或没完成	要领不清或不正确，动作交代不清或没完成	要领不清或不正确，动作交代不清或没完成	要领不清或不正确，动作交代不清或没完成	要领不清或不正确，动作交代不清或没完成
不及格分值（0~60）					

多警协同控制得分：

总分：

最后得分：

表2：

多警协同控制评分表：

考核人员姓名：1.　　　2.　　　3.

	评分员A	评分员B
优秀分值（45~50）		
良好分值（40~45）		
中等分值（35~40）		
及格分值（30~35）		
不及格分值（0~30）		
总分		

注：

评分员A：主要评定动作完成情况。①主、副攻手动作规范，快速有力，控制到位；优秀。②主、副攻手动作要领正确，快速协调，控制比较到位；良好。③主、副攻手动作要领正确，过程清楚，有效控制；中等。④主、副攻手动作要领基本正确，过程合理；及格。⑤主攻手动作要领基本正确，副攻手动作失败；不及格。⑥主攻手动作失败，得分在10分以下。

评分员B：主要评定协同时机及整体配合实战意识。①站位科学、时机合理、节奏明显、配合默契、实战意识强；优秀。②站位科学、时机较合理、控制节奏、配合得力、实战意识强；良好。③站位较科学、时机较合理、配合得当、实战意识较强；中等。④站位有分布、分工明确、整体有配合、有实战意识；及格。⑤分工无序、互不协同、无实战意识；不及格。

参考文献

1.（美）杰克•海伯尔德，伯瑞恩•A•弗瑞德著.警察徒手防卫术.晓兵译.北京：群众出版社，1986

2.张兵主编.警务技能.北京：中国人民公安大学出版社，2003

3.（美）罗纳德•亚当斯，托马斯•M•麦克特南，查尔斯•雷姆斯伯格著.美国警察自卫术.希薇，王谦榕译.北京：群众出版社，1989

4.谢林著.警察实用技战术教程.北京：中国人民公安大学出版社，1998

5.公安部人事训练局，前卫体协编著.擒拿格斗技能.北京：群众出版社，2000

6.公安部政治部编.警务实战基础训练教程.北京：群众出版社，2007

7.赵志飞主编.警察临战学.北京：中国人民公安大学出版社，2006

8.公安部武装民警局编.擒敌技术教材.北京：群众出版社，1979

9.徐舒著.军警逮捕术.长沙：国防科技大学出版社，1990

10.《中国武术散手》编写组著.中国散手.北京：人民体育出版社，1990

11.王浩著.警察抓捕术.北京：中国人民公安大学出版社，2008

12.刘才利编著.缉捕战术.北京：中国人民公安大学出版社，1996

13.尹伟著.现代警察的防卫与控制.北京：中国人民公安大学出版社，2008

14.左锁粉主编.警察实战训练与应用教程.北京：中国人民公安大学出版社，2010

15.公安部刑事侦查局吕晓威主编.刑警抓捕实用手册.北京：群众出版社，2004

16.全国体育学院教材委员会《运动医学》编写组编.运动医学.北京：人民体育出版社，2005

17.庄建国编著.擒拿反擒拿——格斗与押解.北京：北京体育大学出版社，2008

18.曹锡珍著.中医按摩疗法.北京：人民体育出版社，1977

19.戴红主编.康复医学.北京：人民卫生出版社，2000

20.王仙园，田晓丽，李亚洁主编.现代战创伤护理.北京：人民军医出版社，2005